PREFACIO

La colección de guías de conversación para viajar "Todo irá bien" publicada por T&P Books está diseñada para personas que viajan al extranjero para turismo y negocios. Las guías contienen lo más importante - los elementos esenciales para una comunicación básica.Éste es un conjunto de frases imprescindibles para "sobrevivir" mientras está en el extranjero.

Esta guía de conversación le ayudará en la mayoría de los casos donde usted necesite pedir algo, conseguir direcciones, saber cuánto cuesta algo, etc. Puede también resolver situaciones difíciles de la comunicación donde los gestos no pueden ayudar.

Este libro contiene muchas frases que han sido agrupadas según los temas más relevantes. Una sección separada del libro también ofrece un pequeño diccionario con más de 1.500 palabras importantes y útiles.

Llévese la guía de conversación "Todo irá bien" en el camino y tendrá una insustituible compañera de viaje que le ayudará a salir de cualquier situación y le enseñará a no temer hablar con extranjeros.

TABLA DE CONTENIDOS

T&P Books Publishing

Colección de guías de conversación
"¡Todo irá bien!"

T&P Books Publishing

GUÍA DE CONVERSACIÓN

- GEORGIANO -

LAS PALABRAS Y LAS FRASES MÁS ÚTILES

Esta Guía de Conversación contiene las frases y las preguntas más comunes necesitadas para una comunicación básica con extranjeros

Andrey Taranov

T&P BOOKS

Guía de conversación + diccionario de 1500 palabras

Guía de conversación Español-Georgiano y diccionario conciso de 1500 palabras

por Andrey Taranov

La colección de guías de conversación para viajar "Todo irá bien" publicada por T&P Books está diseñada para personas que viajan al extranjero para turismo y negocios. Las guías contienen lo más importante - los elementos esenciales para una comunicación básica. Éste es un conjunto de frases imprescindibles para "sobrevivir" mientras está en el extranjero.

Una otra sección del libro también ofrece un pequeño diccionario con más de 1.500 palabras útiles. El diccionario incluye muchos términos gastronómicos y será de gran ayuda para pedir los alimentos en un restaurante o comprando comestibles en la tienda.

T&P Books Publishing
www.tpbooks.com

ISBN: 978-1-78616-898-6

Este libro está disponible en formato electrónico o de E-Book también.
Visite www.tpbooks.com o las librerías electrónicas más destacadas en la Red.

PRONUNCIACIÓN

La letra	Ejemplo georgiano	T&P alfabeto fonético	Ejemplo español
ა	აკადემია	[ɑ]	radio
ბ	ბიოლოგია	[b]	en barco
გ	გრამატიკა	[g]	jugada
დ	შუალედი	[d]	desierto
ე	ბედნიერი	[ɛ]	mes
ვ	ვერცხლი	[v]	travieso
ზ	ზარი	[z]	desde
თ	თანაკლასელი	[th]	[t] aspirada
ი	ივლისი	[i]	ilegal
კ	კამა	[k]	charco
ლ	ლანგარი	[l]	lira
მ	მარჯვენა	[m]	nombre
ნ	ნაყინი	[n]	número
ო	ოსტატობა	[ɔ]	costa
პ	პასპორტი	[p]	precio
ჟ	ჟიური	[ʒ]	adyacente
რ	რეჟისორი	[r]	era, alfombra
ს	სასმელი	[s]	salva
ტ	ტურისტი	[t]	torre
უ	ურდული	[u]	mundo
ფ	ფაიფური	[ph]	[p] aspirada
ქ	ქალაქი	[kh]	[k] aspirada
ღ	ღილაკი	[ɣ]	amigo, magnífico
ყ	ყინული	[q]	catástrofe
შ	შედეგი	[ʃ]	shopping
ჩ	ჩამჩა	[ʧh]	[tsch] aspirado
ც	ცურვა	[tsh]	[ts] aspirado
ძ	ძიძა	[ʣ]	inglés kids
წ	წამწამი	[ʦ]	tsunami
ჭ	ჭანჭიკი	[ʧ]	mapache
ხ	ხარისხი	[ɦ]	mejicano
ჯ	ჯიბე	[ʤ]	jazz
ჰ	ჰოკიჯოხა	[h]	registro

LISTA DE ABREVIATURAS

Abreviatura en español

adj	-	adjetivo
adv	-	adverbio
anim.	-	animado
conj	-	conjunción
etc.	-	etcétera
f	-	sustantivo femenino
f pl	-	femenino plural
fam.	-	uso familiar
fem.	-	femenino
form.	-	uso formal
inanim.	-	inanimado
innum.	-	innumerable
m	-	sustantivo masculino
m pl	-	masculino plural
m, f	-	masculino, femenino
masc.	-	masculino
mat	-	matemáticas
mil.	-	militar
num.	-	numerable
p.ej.	-	por ejemplo
pl	-	plural
pron	-	pronombre
sg	-	singular
v aux	-	verbo auxiliar
vi	-	verbo intransitivo
vi, vt	-	verbo intransitivo, verbo transitivo
vr	-	verbo reflexivo
vt	-	verbo transitivo

T&P BOOKS

GUÍA DE
CONVERSACIÓN
GEORGIANO

Esta sección contiene frases
importantes que pueden
resultar útiles en varias
situaciones de la vida real.
La Guía le ayudará a pedir
direcciones, aclaración
sobre precio, comprar billetes,
y pedir alimentos en un
restaurante

T&P Books Publishing

CONTENIDO DE LA GUÍA DE CONVERSACIÓN

T&P Books Publishing

Lo más imprescindible

Perdone, …	უკაცრავად, … uk'atsravad, …
Hola.	გამარჯობა. gamarjoba.
Gracias.	გმადლობთ. gmadlobt.

Sí.	დიახ. diakh.
No.	არა. ara.
No lo sé.	არ ვიცი. ar vitsi.
¿Dónde? | ¿A dónde? | ¿Cuándo?	სად?| საით?| როდის? sad?| sait?| rodis?

Necesito …	მე მჭირდება… me mch'irdeba…
Quiero …	მე მინდა … me minda …
¿Tiene …?	თქვენ გაქვთ …? tkven gakvt …?
¿Hay … por aquí?	აქ არის … ? ak aris … ?
¿Puedo …?	შემიძლია… ? shemidzlia… ?
…, por favor? (petición educada)	თუ შეიძლება tu sheidzleba

Busco …	მე ვეძებ … me vedzeb …
el servicio	ტუალეტს t'ualet's
un cajero automático	ბანკომატს bank'omat's
una farmacia	აფთიაქს aptiaks
el hospital	საავადმყოფოს saavadmqopos

la comisaría	პოლიციის განყოფილებას p'olitsiis ganqopilebas
el metro	მეტროს met'ros

un taxi	ტაქსს t'akss
la estación de tren	რკინიგზის სადგურს rk'inigzis sadgurs
Me llamo …	მე მქვია ... me mkvia ...
¿Cómo se llama?	რა გქვიათ? ra gkviat?
¿Puede ayudarme, por favor?	დამეხმარეთ, თუ შეიძლება. damekhmaret, tu sheidzleba.
Tengo un problema.	პრობლემა მაქვს. p'roblema makvs.
Me encuentro mal.	ცუდად ვარ. tsudad var.
¡Llame a una ambulancia!	გამოიძახეთ სასწრაფო! gamoidzakhet sasts'rapo!
¿Puedo llamar, por favor?	შემიძლია დავრეკო? shemidzlia davrek'o?
Lo siento.	ბოდიშს გიხდით bodishs gikhdit
De nada.	არაფერს arapers
Yo	მე me
tú	შენ shen
él	ის is
ella	ის is
ellos	ისინი isini
ellas	ისინი isini
nosotros /nosotras/	ჩვენ chven
ustedes, vosotros	თქვენ tkven
usted	თქვენ tkven
ENTRADA	შესასვლელი shesasvleli
SALIDA	გასასვლელი gasasvleli
FUERA DE SERVICIO	არ მუშაობს ar mushaobs
CERRADO	დაკეტილია dak'et'ilia

ABIERTO

ღიაა
ghiaa

PARA SEÑORAS

ქალებისთვის
kalebistvis

PARA CABALLEROS

მამაკაცებისთვის
mamak'atsebistvis

Preguntas

¿Dónde?	სად? sad?
¿A dónde?	საით? sait?
¿De dónde?	საიდან? saidan?
¿Por qué?	რატომ? rat'om?
¿Con que razón?	რისთვის? ristvis?
¿Cuándo?	როდის? rodis?
¿Cuánto tiempo?	რამდენ ხანს? ramden khans?
¿A qué hora?	რომელ საათზე? romel saatze?
¿Cuánto?	რა ღირს? ra ghirs?
¿Tiene ...?	თქვენ გაქვთ ...? tkven gakvt ...?
¿Dónde está ...?	სად არის ...? sad aris ...?
¿Qué hora es?	რომელი საათია? romeli saatia?
¿Puedo llamar, por favor?	შემიძლია დავრეკო? shemidzlia davrek'o?
¿Quién es?	ვინ არის? vin aris?
¿Se puede fumar aquí?	შემიძლია აქ მოვწიო? shemidzlia ak movts'io?
¿Puedo ...?	შემიძლია ...? shemidzlia ...?

Necesidades

Quisiera ...	მე მინდა ... me minda ...
No quiero ...	მე არ მინდა ... me ar minda ...
Tengo sed.	მწყურია. mts'quria.
Tengo sueño.	მეძინება. medzineba.
Quiero ...	მე მინდა ... me minda ...
lavarme	ხელ-პირის დაბანა khel-p'iris dabana
cepillarme los dientes	კბილების გაწმენდა k'bilebis gats'menda
descansar un momento	ცოტა დასვენება tsot'a dasveneba
cambiarme de ropa	ტანისამოსის გამოცვლა t'anisamosis gamotsvla
volver al hotel	დავბრუნდე სასტუმროში davbrunde sast'umroshi
comprar ...	ვიყიდო ... viqido ...
ir a ...	გავემგზავრო ... gavemgzavro ...
visitar ...	ვეწვიო ... vets'vio ...
quedar con ...	შევხვდე ... shevkhvde ...
hacer una llamada	დავრეკო davrek'o
Estoy cansado /cansada/.	მე დავიღალე. me davighale.
Estamos cansados /cansadas/.	ჩვენ დავიღალეთ. chven davighalet.
Tengo frío.	მე მცივა. me mtsiva.
Tengo calor.	მე მცხელა. me mtskhela.
Estoy bien.	მე ნორმალურად ვარ. me normalurad var.

Tengo que hacer una llamada.

მე უნდა დავრეკო.
me unda davrek'o.

Necesito ir al servicio.

მე მინდა ტუალეტში.
me minda t'ualet'shi.

Me tengo que ir.

წასვლის დროა.
ts'asvlis droa.

Me tengo que ir ahora.

მე უნდა წავიდე.
me unda ts'avide.

Preguntar por direcciones

Perdone, …	უკაცრავად, … uk'atsravad, …
¿Dónde está …?	სად არის …? sad aris …?
¿Por dónde está …?	რომელი მიმართულებითაა …? romeli mimartulebitaa …?
¿Puede ayudarme, por favor?	დამეხმარეთ, თუ შეიძლება. damekhmaret, tu sheidzleba.
Busco …	მე ვეძებ … me vedzeb …
Busco la salida.	მე ვეძებ გასასვლელს. me vedzeb gasasvlels.
Voy a …	მე მივემგზავრები …-ში me mivemgzavrebi …-shi
¿Voy bien por aquí para …?	სწორად მივდივარ …? sts'orad mivdivar …?
¿Está lejos?	ეს შორსაა? es shorsaa?
¿Puedo llegar a pie?	მე მივალ იქამდე ფეხით? me mival ikamde pekhit?
¿Puede mostrarme en el mapa?	რუკაზე მაჩვენეთ, თუ შეიძლება. ruk'aze machvenet, tu sheidzleba.
Por favor muestreme dónde estamos.	მაჩვენეთ, სად ვართ ახლა. machvenet, sad vart akhla.
Aquí	აქ ak
Allí	იქ ik
Por aquí	აქეთ aket
Gire a la derecha.	მოუხვიეთ მარჯვნივ. moukhviet marjvniv.
Gire a la izquierda.	მოუხვიეთ მარცხნივ. moukhviet martskhniv.
la primera (segunda, tercera) calle	პირველი (მეორე, მესამე) მოსახვევი p'irveli (meore, mesame) mosakhvevi
a la derecha	მარჯვნივ marjvniv

a la izquierda   მარცხნივ
martskhniv

Siga recto.   **იარეთ პირდაპირ.**
iaret p'irdap'ir.

Carteles

¡BIENVENIDO!
კეთილი იყოს თქვენი მობრძანება!
k'etili iqos tkveni mobrdzaneba!

ENTRADA
შესასვლელი
shesasvleli

SALIDA
გასასვლელი
gasasvleli

EMPUJAR
თქვენგან
tkvengan

TIRAR
თქვენკენ
tkvenk'en

ABIERTO
ღიაა
ghiaa

CERRADO
დაკეტილია
dak'et'ilia

PARA SEÑORAS
ქალებისთვის
kalebistvis

PARA CABALLEROS
მამაკაცებისთვის
mamak'atsebistvis

CABALLEROS
მამაკაცების ტუალეტი
mamak'atsebis t'ualet'i

SEÑORAS
ქალების ტუალეტი
kalebis t'ualet'i

REBAJAS
ფასდაკლება
pasdak'leba

VENTA
გაყიდვა ფასდაკლებით
gaqidva pasdak'lebit

GRATIS
უფასოდ
upasod

¡NUEVO!
სიახლე!
siakhle!

ATENCIÓN
ყურადღება!
quradgheba!

COMPLETO
ადგილები არ არის
adgilebi ar aris

RESERVADO
დაჯავშნილია
dajavshnilia

ADMINISTRACIÓN
ადმინისტრაცია
administ'ratsia

SÓLO PERSONAL AUTORIZADO
მხოლოდ პერსონალისთვის
mkholod p'ersonalistvis

CUIDADO CON EL PERRO	ავი ძაღლი avi dzaghli
NO FUMAR	ნუ მოსწევთ! nu mosts'evt!
NO TOCAR	არ შეეხოთ! ar sheekhot!

PELIGROSO	საშიშია sashishia
PELIGRO	საფრთხე saprtkhe
ALTA TENSIÓN	მაღალი ძაბვა maghali dzabva
PROHIBIDO BAÑARSE	ბანაობა აკრძალულია banaoba ak'rdzalulia

FUERA DE SERVICIO	არ მუშაობს ar mushaobs
INFLAMABLE	ცეცხლსაშიშია tsetskhlsashishia
PROHIBIDO	აკრძალულია ak'rdzalulia
PROHIBIDO EL PASO	გავლა აკრძალულია gavla ak'rdzalulia
RECIÉN PINTADO	შეღებილია sheghebilia

CERRADO POR RENOVACIÓN	დაკეტილია სარემონტოდ dak'et'ilia saremont'od
EN OBRAS	სარემონტო სამუშაოები saremont'o samushaoebi
DESVÍO	შემოვლითი გზა shemovliti gza

Transporte. Frases generales

el avión	თვითმფრინავი tvitmprinavi
el tren	მატარებელი mat'arebeli
el bus	ავტობუსი avt'obusi
el ferry	ბორანი borani
el taxi	ტაქსი t'aksi
el coche	მანქანა mankana
el horario	განრიგი ganrigi
¿Dónde puedo ver el horario?	სად შეიძლება განრიგის ნახვა? sad sheidzleba ganrigis nakhva?
días laborables	სამუშაო დღეები samushao dgheebi
fines de semana	დასვენების დღეები dasvenebis dgheebi
días festivos	სადღესასწაულო დღეები sadghesasts'aulo dgheebi
SALIDA	გამგზავრება gamgzavreba
LLEGADA	ჩამოსვლა chamosvla
RETRASADO	იგვიანებს igvianebs
CANCELADO	გაუქმებულია gaukmebulia
siguiente (tren, etc.)	შემდეგი shemdegi
primero	პირველი p'irveli
último	ბოლო bolo
¿Cuándo pasa el siguiente ...?	როდის იქნება შემდეგი ...? rodis ikneba shemdegi ...?
¿Cuándo pasa el primer ...?	როდის გადის პირველი ...? rodis gadis p'irveli ...?

¿Cuándo pasa el último ...?	**როდის გადის ბოლო ...?** rodis gadis bolo ...?
el trasbordo (cambio de trenes, etc.)	**გადაჯდომა** gadajdoma
hacer un trasbordo	**გადაჯდომის გაკეთება** gadajdomis gak'eteba
¿Tengo que hacer un trasbordo?	**გადაჯდომა მომიწევს?** gadajdoma momits'evs?

Comprar billetes

¿Dónde puedo comprar un billete?	სად შემიძლია ვიყიდო ბილეთები? sad shemidzlia viqido biletebi?
el billete	ბილეთი bileti
comprar un billete	ბილეთის ყიდვა biletis qidva
precio del billete	ბილეთის ღირებულება biletis ghirebuleba

¿Para dónde?	სად? sad?
¿A qué estación?	რომელ სადგურამდე? romel sadguramde?
Necesito …	მე მჭირდება … me mch'irdeba …
un billete	ერთი ბილეთი erti bileti
dos billetes	ორი ბილეთი ori bileti
tres billetes	სამი ბილეთი sami bileti

sólo ida	ერთი მიმართულებით erti mimartulebit
ida y vuelta	იქით და უკან ikit da uk'an
en primera (primera clase)	პირველი კლასი p'irveli k'lasi
en segunda (segunda clase)	მეორე კლასი meore k'lasi

hoy	დღეს dghes
mañana	ხვალ khval
pasado mañana	ზეგ zeg
por la mañana	დილით dilit
por la tarde	დღისით dghisit
por la noche	საღამოს saghamos

asiento de pasillo

ადგილი გასასვლელთან
adgili gasasvleltan

asiento de ventanilla

ადგილი ფანჯარასთან
adgili panjarastan

¿Cuánto cuesta?

რამდენი?
ramdeni?

¿Puedo pagar con tarjeta?

შემიძლია ბარათით გადავიხადო?
shemidzlia baratit gadavikhado?

Autobús

el autobús	ავტობუსი avt'obusi
el autobús interurbano	საქალაქთაშორისო ავტობუსი sakalaktashoriso avt'obusi
la parada de autobús	ავტობუსის გაჩერება avt'obusis gachereba
¿Dónde está la parada de autobuses más cercana?	სად არის უახლოესი ავტობუსის გაჩერება? sad aris uakhloesi avt'obusis gachereba?

número	ნომერი nomeri
¿Qué autobús tengo que tomar para ...?	რომელი ავტობუსი მიდის ...-მდე? romeli avt'obusi midis ...-mde?
¿Este autobús va a ...?	ეს ავტობუსი მიდის ...-მდე? es avt'obusi midis ...-mde?
¿Cada cuanto pasa el autobús?	რამდენად ხშირად დადიან ავტობუსები? ramdenad khshirad dadian avt'obusebi?

cada 15 minutos	ყოველ თხუთმეტ წუთში qovel tkhutmet' ts'utshi
cada media hora	ყოველ ნახევარ საათში qovel nakhevar saatshi
cada hora	ყოველ საათში qovel saatshi
varias veces al día	დღეში რამდენჯერმე dgheshi ramdenjerme
... veces al día	...-ჯერ დღეში ...-jer dgheshi

el horario	განრიგი ganrigi
¿Dónde puedo ver el horario?	სად შეიძლება განრიგის ნახვა? sad sheidzleba ganrigis nakhva?
¿Cuándo pasa el siguiente autobús?	როდის იქნება შემდეგი ავტობუსი? rodis ikneba shemdegi avt'obusi?
¿Cuándo pasa el primer autobús?	როდის გადის პირველი ავტობუსი? rodis gadis p'irveli avt'obusi?
¿Cuándo pasa el último autobús?	როდის გადის ბოლო ავტობუსი? rodis gadis bolo avt'obusi?

la parada

გაჩერება
gachereba

la siguiente parada

შემდეგი გაჩერება
shemdegi gachereba

la última parada

ბოლო გაჩერება
bolo gachereba

Pare aquí, por favor.

აქ გააჩერეთ, თუ შეიძლება.
ak gaacheret, tu sheidzleba.

Perdone, esta es mi parada.

უკაცრავად, ეს ჩემი გაჩერებაა.
uk'atsravad, es chemi gacherebaa.

Tren

el tren	მატარებელი
	mat'arebeli
el tren de cercanías	საგარეუბნო მატარებელი
	sagareubno mat'arebeli
el tren de larga distancia	შორი მიმოსვლის მატარებელი
	shori mimosvlis mat'arebeli
la estación de tren	რკინიგზის სადგური
	rk'inigzis sadguri
Perdone, ¿dónde está la salida al anden?	უკაცრავად, სად არის მატარებლებთან გასასვლელი?
	uk'atsravad, sad aris mat'areblebtan gasasvleli?

¿Este tren va a …?	ეს მატარებელი მიდის ...-მდე?
	es mat'arebeli midis ...-mde?
el siguiente tren	შემდეგი მატარებელი
	shemdegi mat'arebeli
¿Cuándo pasa el siguiente tren?	როდის იქნება შემდეგი მატარებელი?
	rodis ikneba shemdegi mat'arebeli?
¿Dónde puedo ver el horario?	სად შეიძლება განრიგის ნახვა?
	sad sheidzleba ganrigis nakhva?
¿De qué andén?	რომელი ბაქნიდან?
	romeli baknidan?
¿Cuándo llega el tren a …?	როდის ჩადის მატარებელი ...-ში?
	rodis chadis mat'arebeli ...-shi?

Ayudeme, por favor.	დამეხმარეთ, თუ შეიძლება.
	damekhmaret, tu sheidzleba.
Busco mi asiento.	მე ვეძებ ჩემს ადგილს.
	me vedzeb chems adgils.
Buscamos nuestros asientos.	ჩვენ ვეძებთ ჩვენს ადგილებს.
	chven vedzebt chvens adgilebs.
Mi asiento está ocupado.	ჩემი ადგილი დაკავებულია.
	chemi adgili dak'avebulia.
Nuestros asientos están ocupados.	ჩვენი ადგილები დაკავებულია.
	chveni adgilebi dak'avebulia.

Perdone, pero ese es mi asiento.	უკაცრავად, მაგრამ ეს ჩემი ადგილია.
	uk'atsravad, magram es chemi adgilia.
¿Está libre?	ეს ადგილი თავისუფალია?
	es adgili tavisupalia?
¿Puedo sentarme aquí?	შემიძლია აქ დავჯდე?
	shemidzlia ak davjde?

En el tren. Diálogo (Sin billete)

Su billete, por favor.	თქვენი ბილეთი, თუ შეიძლება. tkveni bileti, tu sheidzleba.
No tengo billete.	მე არა მაქვს ბილეთი. me ara makvs bileti.
He perdido mi billete.	მე დავკარგე ჩემი ბილეთი. me davk'arge chemi bileti.
He olvidado mi billete en casa.	მე ბილეთი სახლში დამრჩა. me bileti sakhlshi damrcha.

Le puedo vender un billete.	თქვენ შეგიძლიათ იყიდოთ ბილეთი ჩემგან. tkven shegidzliat iqidot bileti chemgan.
También deberá pagar una multa.	თქვენ კიდევ მოგიწევთ ჯარიმის გადახდა. tkven k'idev mogits'evt jarimis gadakhda.
Vale.	კარგი. k'argi.
¿A dónde va usted?	სად მიემგზავრებით? sad miemgzavrebit?
Voy a ...	მე მივდივარ ...-მდე me mivdivar ...-mde

¿Cuánto es? No lo entiendo.	რამდენი? არ მესმის. ramdeni? ar mesmis.
Escríbalo, por favor.	დამიწერეთ, თუ შეიძლება. damits'eret, tu sheidzleba.
Vale. ¿Puedo pagar con tarjeta?	კარგი. შემიძლია ბარათით გადავიხადო? k'argi. shemidzlia baratit gadavikhado?
Sí, puede.	დიახ, შეგიძლიათ. diakh, shegidzliat.

Aquí está su recibo.	აი თქვენი ქვითარი. ai tkveni kvitari.
Disculpe por la multa.	ვწუხვარ ჯარიმაზე. vts'ukhvar jarimaze.
No pasa nada. Fue culpa mía.	არა უშავს. ეს ჩემი ბრალია. ara ushavs. es chemi bralia.
Disfrute su viaje.	სასიამოვნო მგზავრობას გისურვებთ. sasiamovno mgzavrobas gisurvebt.

Taxi

taxi	ტაქსი t'aksi
taxista	ტაქსისტი t'aksist'i
coger un taxi	ტაქსის დაჭერა t'aksis dach'era
parada de taxis	ტაქსის გაჩერება t'aksis gachereba
¿Dónde puedo coger un taxi?	სად შემიძლია ტაქსის გაჩერება? sad shemidzlia t'aksis gachereba?
llamar a un taxi	ტაქსის გამოძახება t'aksis gamodzakheba
Necesito un taxi.	მე მჭირდება ტაქსი. me mch'irdeba t'aksi.
Ahora mismo.	პირდაპირ ახლა. p'irdap'ir akhla.
¿Cuál es su dirección?	თქვენი მისამართი? tkveni misamarti?
Mi dirección es …	ჩემი მიასამართია … chemi miasamartia …
¿Cuál es el destino?	სად უნდა გაემგზავროთ? sad unda gaemgzavrot?
Perdone, …	უკაცრავად, … uk'atsravad, …
¿Está libre?	თქვენ თავისუფალი ხართ? tkven tavisupali khart?
¿Cuánto cuesta ir a …?	რა ღირს წასვლა …-მდე? ra ghirs ts'asvla …-mde?
¿Sabe usted dónde está?	თქვენ იცით, სად არის ეს? tkven itsit, sad aris es?
Al aeropuerto, por favor.	აეროპორტში, თუ შეიძლება. aerop'ort'shi, tu sheidzleba.
Pare aquí, por favor.	აქ გააჩერეთ, თუ შეიძლება. ak gaacheret, tu sheidzleba.
No es aquí.	ეს აქ არ არის. es ak ar aris.
La dirección no es correcta.	ეს არასწორი მისამართია. es arasts'ori misamartia.
Gire a la izquierda.	ახლა მარცხნივ. akhla martskhniv.
Gire a la derecha.	ახლა მარჯვნივ. akhla marjvniv.

¿Cuánto le debo?	რამდენი უნდა გადაგიხადოთ? ramdeni unda gadagikhadot?
¿Me da un recibo, por favor?	ჩეკი მომეცით, თუ შეიძლება. chek'i mometsit, tu sheidzleba.
Quédese con el cambio.	ხურდა არ მინდა. khurda ar minda.

Espéreme, por favor.	დამელოდეთ, თუ შეიძლება. damelodet, tu sheidzleba.
cinco minutos	ხუთი წუთი khuti ts'uti
diez minutos	ათი წუთი ati ts'uti
quince minutos	თხუთმეტი წუთი tkhutmet'i ts'uti
veinte minutos	ოცი წუთი otsi ts'uti
media hora	ნახევარი საათი nakhevari saati

Hotel

Hola.	გამარჯობა. gamarjoba.
Me llamo …	მე მქვია … me mkvia …
Tengo una reserva.	მე დავჯავშნე ნომერი. me davjavshne nomeri.

Necesito …	მე მჭირდება … me mch'irdeba …
una habitación individual	ერთადგილიანი ნომერი ertadgiliani nomeri
una habitación doble	ორადგილიანი ნომერი oradgiliani nomeri
¿Cuánto cuesta?	რა ღირს? ra ghirs?
Es un poco caro.	ეს ცოტა ძვირია. es tsot'a dzviria.

¿Tiene alguna más?	გაქვთ კიდევ რამე? gakvt k'idev rame?
Me quedo.	მე ავიღებ ამას. me avigheb amas.
Pagaré en efectivo.	მე ნაღდით გადავიხდი. me naghdit gadavikhdi.

Tengo un problema.	პრობლემა მაქვს. p'roblema makvs.
Mi … no funciona.	ჩემთან გაფუჭებულია … chemtan gapuch'ebulia …
Mi … está fuera de servicio.	ჩემთან არ მუშაობს … chemtan ar mushaobs …
televisión	ტელევიზორი t'elevizori
aire acondicionado	კონდიციონერი k'onditsioneri
grifo	ონკანი onk'ani

ducha	შხაპი shkhap'i
lavabo	ნიჟარა nizhara
caja fuerte	სეიფი seipi

cerradura	საკეტი sak'et'i
enchufe	როზეტი rozet'i
secador de pelo	ფენი peni
No tengo …	მე არა მაქვს … me ara makvs …
agua	წყალი ts'qali
luz	სინათლე sinatle
electricidad	დენი deni

¿Me puede dar …?	შეგიძლიათ მომცეთ …? shegidzliat momtset …?
una toalla	პირსახოცი p'irsakhotsi
una sábana	საბანი sabani
unas chanclas	ჩუსტები, ფლოსტები, ქოშები chust'ebi, plost'ebi, koshebi
un albornoz	ხალათი khalati
un champú	შამპუნი shamp'uni
jabón	საპონი sap'oni

Quisiera cambiar de habitación.	მე მინდა გამოვცვალო ნომერი. me minda gamovtsvalo nomeri.
No puedo encontrar mi llave.	ვერ ვპოულობ ჩემს გასაღებს. ver vp'oulob chems gasaghebs.
Por favor abra mi habitación.	გამიღეთ ჩემი ნომერი, თუ შეიძლება. gamighet chemi nomeri, tu sheidzleba.
¿Quién es?	ვინ არის? vin aris?
¡Entre!	მობრძანდით! mobrdzandit!
¡Un momento!	ერთი წუთით! erti ts'utit!
Ahora no, por favor.	თუ შეიძლება, ახლა არა. tu sheidzleba, akhla ara.
Venga a mi habitación, por favor.	შემობრძანდით ჩემთან, თუ შეიძლება. shemobrdzandit chemtan, tu sheidzleba.
Quisiera hacer un pedido.	მე მინდა შევუკვეთო საჭმელი ნომერში. me minda shevuk'veto sach'meli nomershi.

Mi número de habitación es …	ჩემი ოთახის ნომერია … chemi otakhis nomeria …
Me voy …	მე მივემგზავრები … me mivemgzavrebi …
Nos vamos …	ჩვენ მივემგზავრებით … chven mivemgzavrebit …
Ahora mismo	ახლა akhla
esta tarde	დღეს სადილის შემდეგ dghes sadilis shemdeg
esta noche	დღეს საღამოს dghes saghamos
mañana	ხვალ khval
mañana por la mañana	ხვალ დილით khval dilit
mañana por la noche	ხვალ საღამოს khval saghamos
pasado mañana	ზეგ zeg

Quisiera pagar la cuenta.	მე მინდა გავასწორო ანგარიში. me minda gavasts'oro angarishi.
Todo ha estado estupendo.	ყველაფერი შესანიშნავი იყო. qvelaperi shesanishnavi iqo.
¿Dónde puedo coger un taxi?	სად შემიძლია ტაქსის გაჩერება? sad shemidzlia t'aksis gachereba?
¿Puede llamarme un taxi, por favor?	გამომიძახეთ ტაქსი, თუ შეიძლება. gamomidzakhet t'aksi, tu sheidzleba.

Restaurante

¿Puedo ver el menú, por favor?	შემიძლია ვნახო თქვენი მენიუ? shemidzlia vnakho tkveni meniu?
Mesa para uno.	მაგიდა ერთი კაცისთვის. magida erti k'atsistvis.
Somos dos (tres, cuatro).	ჩვენ ორნი (სამნი, ოთხნი) ვართ. chven orni (samni, otkhni) vart.

Para fumadores	მწეველებისთვის mts'evelebistvis
Para no fumadores	არამწეველებისთვის aramts'evelebistvis
¡Por favor! (llamar al camarero)	თუ შეიძლება! tu sheidzleba!
la carta	მენიუ meniu
la carta de vinos	ღვინის ბარათი ghvinis barati
La carta, por favor.	მენიუ, თუ შეიძლება. meniu, tu sheidzleba.

¿Está listo para pedir?	თქვენ მზად ხართ შეკვეთის გასაკეთებლად? tkven mzad khart shek'vetis gasak'eteblad?
¿Qué quieren pedir?	რას შეუკვეთავთ? ras sheuk'vetavt?
Yo quiero …	მე მინდა … me minda …

Soy vegetariano.	მე ვეგეტარიანელი ვარ. me veget'arianeli var.
carne	ხორცი khortsi
pescado	თევზი tevzi
verduras	ბოსტნეული bost'neuli
¿Tiene platos para vegetarianos?	თქვენ გაქვთ ვეგეტარიანული კერძები? tkven gakvt veget'arianuli k'erdzebi?

No como cerdo.	მე არ ვჭამ ღორის ხორცს. me ar vch'am ghoris khortss.
Él /Ella/ no come carne.	ის არ ჭამს ხორცს. is ar ch'ams khortss.

Soy alérgico a …	მე ალერგია მაქვს …-ზე me alergia makvs …-ze
¿Me puede traer …, por favor?	მომიტანეთ, თუ შეიძლება, … momit'anet, tu sheidzleba, …
sal | pimienta | azúcar	მარილი | პილპილი | შაქარი marili | p'ilp'ili | shakari
café | té | postre	ყავა | ჩაი | დესერტი qava | chai | desert'i
agua | con gas | sin gas	წყალი | გაზიანი | უგაზო ts'qali | gaziani | ugazo
una cuchara | un tenedor | un cuchillo	კოვზი | ჩანგალი | დანა k'ovzi | changali | dana
un plato | una servilleta	თეფში | ხელსახოცი tepshi | khelsakhotsi

¡Buen provecho!	გემრიელად მიირთვით! gemrielad miirtvit!
Uno más, por favor.	კიდევ მომიტანეთ, თუ შეიძლება. k'idev momit'anet, tu sheidzleba.
Estaba delicioso.	ძალიან გემრიელი იყო. dzalian gemrieli iqo.

la cuenta | el cambio | la propina	ანგარიში | ხურდა | ჩაის ფული angarishi | khurda | chais puli
La cuenta, por favor.	ანგარიში, თუ შეიძლება. angarishi, tu sheidzleba.
¿Puedo pagar con tarjeta?	შემიძლია ბარათით გადავიხადო? shemidzlia baratit gadavikhado?
Perdone, aquí hay un error.	უკაცრავად, აქ შეცდომაა. uk'atsravad, ak shetsdomaa.

De Compras

¿Puedo ayudarle?	შემიძლია დაგეხმაროთ? shemidzlia dagekhmarot?
¿Tiene …?	თქვენ გაქვთ …? tkven gakvt …?
Busco …	მე ვეძებ … me vedzeb …
Necesito …	მე მჭირდება … me mch'irdeba …

Sólo estoy mirando.	მე უბრალოდ ვათვალიერებ. me ubralod vatvaliereb.
Sólo estamos mirando.	ჩვენ უბრალოდ ვათვალიერებთ. chven ubralod vatvalierebt.
Volveré más tarde.	მე მოგვიანებით მოვალ. me mogvianebit moval.
Volveremos más tarde.	ჩვენ მოგვიანებით მოვალთ. chven mogvianebit movalt.
descuentos | oferta	ფასდაკლება | გაყიდვა ფასდაკლებით pasdak'leba | gaqidva pasdak'lebit

Por favor, enséñeme …	მაჩვენეთ, თუ შეიძლება … machvenet, tu sheidzleba …
¿Me puede dar …, por favor?	მომეცით, თუ შეიძლება … mometsit, tu sheidzleba …
¿Puedo probarmelo?	შეიძლება ეს მოვიზომო? sheidzleba es movizomo?
Perdone, ¿dónde están los probadores?	უკაცრავად, სად არის ტანსაცმლის მოსაზომი? uk'atsravad, sad aris t'ansatsmlis mosazomi?
¿Qué color le gustaría?	რომელი ფერი გნებავთ? romeli peri gnebavt?
la talla | el largo	ზომა | სიმაღლე zoma | simaghle
¿Cómo le queda? (¿Está bien?)	მოგერგოთ? mogergot?

¿Cuánto cuesta esto?	რა ღირს ეს? ra ghirs es?
Es muy caro.	ეს ძალიან ძვირია. es dzalian dzviria.
Me lo llevo.	მე ამას ავიღებ. me amas avigheb.

Perdone, ¿dónde está la caja?	**უკაცრავად, სად არის სალარო?** uk'atsravad, sad aris salaro?
¿Pagará en efectivo o con tarjeta?	**როგორ გადაიხდით? ნაღდით თუ საკრედიტო ბარათით?** rogor gadaikhdit? naghdit tu sak'redit'o baratit?
en efectivo | con tarjeta	**ნაღდით | ბარათით** naghdit | baratit

---

¿Quiere el recibo?	**თქვენ გჭირდებათ ჩეკი?** tkven gch'irdebat chek'i?
Sí, por favor.	**დიახ, თუ შეიძლება.** diakh, tu sheidzleba.
No, gracias.	**არა, არ არის საჭირო. გმადლობთ.** ara, ar aris sach'iro. gmadlobt.
Gracias. ¡Que tenga un buen día!	**გმადლობთ. კარგად ბრძანდებოდეთ!** gmadlobt. k'argad brdzandebodet!

En la ciudad

Perdone, por favor.	უკაცრავად, თუ შეიძლება … uk'atsravad, tu sheidzleba …
Busco …	მე ვეძებ … me vedzeb …
el metro	მეტროს met'ros
mi hotel	ჩემს სასტუმროს chems sast'umros

el cine	კინოთეატრს k'inoteat'rs
una parada de taxis	ტაქსის გაჩერებას t'aksis gacherebas
un cajero automático	ბანკომატს bank'omat's
una oficina de cambio	ვალუტის გაცვლას valut'is gatsvlas

un cibercafé	ინტერნეტ-კაფეს int'ernet'-k'apes
la calle …	… ქუჩას … kuchas
este lugar	აი ამ ადგილს ai am adgils

¿Sabe usted dónde está …?	თქვენ არ იცით, სად მდებარეობს …? tkven ar itsit, sad mdebareobs …?
¿Cómo se llama esta calle?	რა ჰქვია ამ ქუჩას? ra hkvia am kuchas?
Muestreme dónde estamos ahora.	მაჩვენეთ, სად ვართ ახლა. machvenet, sad vart akhla.
¿Puedo llegar a pie?	მე მივალ იქამდე ფეხით? me mival ikamde pekhit?
¿Tiene un mapa de la ciudad?	თქვენ გაქვთ ქალაქის რუკა? tkven gakvt kalakis ruk'a?

¿Cuánto cuesta la entrada?	რა ღირს შესასვლელი ბილეთი? ra ghirs shesasvleli bileti?
¿Se pueden hacer fotos aquí?	აქ შეიძლება ფოტოგადაღება? ak sheidzleba pot'ogadagheba?
¿Está abierto?	თქვენთან ღიაა? tkventan ghiaa?

¿A qué hora abren?

რომელ საათზე გაიხსნებით?
romel saatze gaikhsnebit?

¿A qué hora cierran?

რომელ საათამდე მუშაობთ?
romel saatamde mushaobt?

Dinero

dinero	ფული puli
efectivo	ნაღდი ფული naghdi puli
billetes	ქაღალდის ფული kaghaldis puli
monedas	ხურდა ფული khurda puli
la cuenta | el cambio | la propina	ანგარიში | ხურდა | ჩაის ფული angarishi | khurda | chais puli

la tarjeta de crédito	საკრედიტო ბარათი sak'redit'o barati
la cartera	საფულე sapule
comprar	ყიდვა, შეძენა qidva, shedzena
pagar	გადახდა gadakhda
la multa	ჯარიმა jarima
gratis	უფასოდ upasod

¿Dónde puedo comprar …?	სად შემიძლია ვიყიდო …? sad shemidzlia viqido …?
¿Está el banco abierto ahora?	ბანკი ახლა ღიაა? bank'i akhla ghiaa?
¿A qué hora abre?	რომელ საათზე იღება? romel saatze igheba?
¿A qué hora cierra?	რომელ საათამდე მუშაობს? romel saatamde mushaobs?

¿Cuánto cuesta?	რამდენი? ramdeni?
¿Cuánto cuesta esto?	რა ღირს ეს? ra ghirs es?
Es muy caro.	ეს ძალიან ძვირია. es dzalian dzviria.

Perdone, ¿dónde está la caja?	უკაცრავად, სად არის სალარო? uk'atsravad, sad aris salaro?
La cuenta, por favor.	ანგარიში, თუ შეიძლება. angarishi, tu sheidzleba.

¿Puedo pagar con tarjeta?

შემიძლია ბარათით გადავიხადო?
shemidzlia baratit gadavikhado?

¿Hay un cajero por aquí?

აქ არის ბანკომატი?
ak aris bank'omat'i?

Busco un cajero automático.

მე მჭირდება ბანკომატი.
me mch'irdeba bank'omat'i.

Busco una oficina de cambio.

მე ვეძებ ვალუტის გადამცვლელს.
me vedzeb valut'is gadamtsvlels.

Quisiera cambiar …

მე მინდა გადავცვალო …
me minda gadavtsvalo …

¿Cuál es el tipo de cambio?

როგორია გაცვლითი კურსი?
rogoria gatsvliti k'ursi?

¿Necesita mi pasaporte?

გჭირდებათ ჩემი პასპორტი?
gch'irdebat chemi p'asp'ort'i?

Tiempo

¿Qué hora es?
რომელი საათია?
romeli saatia?

¿Cuándo?
როდის?
rodis?

¿A qué hora?
რომელ საათზე?
romel saatze?

ahora | luego | después de …
ახლა | მოგვიანებით | ... შემდეგ
akhla | mogvianebit | ... shemdeg

la una
დღის პირველი საათი
dghis p'irveli saati

la una y cuarto
პირველი საათი და თხუთმეტი წუთი
p'irveli saati da tkhutmet'i ts'uti

la una y medio
პირველი საათი და ოცდაათი წუთი
p'irveli saati da otsdaati ts'uti

las dos menos cuarto
ორს აკლია თხუთმეტი წუთი
ors ak'lia tkhutmet'i ts'uti

una | dos | tres
ერთი | ორი | სამი
erti | ori | sami

cuatro | cinco | seis
ოთხი | ხუთი | ექვსი
otkhi | khuti | ekvsi

siete | ocho | nueve
შვიდი | რვა | ცხრა
shvidi | rva | tskhra

diez | once | doce
ათი | თერთმეტი | თორმეტი
ati | tertmet'i | tormet'i

en …
...-ის შემდეგ
...-is shemdeg

cinco minutos
ხუთი წუთის
khuti ts'utis

diez minutos
ათი წუთის
ati ts'utis

quince minutos
თხუთმეტი წუთის
tkhutmet'i ts'utis

veinte minutos
ოცი წუთის
otsi ts'utis

media hora
ნახევარ საათში
nakhevar saatshi

una hora
ერთ საათში
ert saatshi

por la mañana
დილით
dilit

por la mañana temprano	დილით ადრე dilit adre
esta mañana	დღეს დილით dghes dilit
mañana por la mañana	ხვალ დილით khval dilit
al mediodía	სადილზე sadilze
por la tarde	სადილის შემდეგ sadilis shemdeg
por la noche	საღამოს saghamos
esta noche	დღეს საღამოს dghes saghamos
por la noche	ღამით ghamit
ayer	გუშინ gushin
hoy	დღეს dghes
mañana	ხვალ khval
pasado mañana	ზეგ zeg
¿Qué día es hoy?	დღეს რა დღეა? dghes ra dghea?
Es …	დღეს ... dghes ...
lunes	ორშაბათი orshabati
martes	სამშაბათი samshabati
miércoles	ოთხშაბათი otkhshabati
jueves	ხუთშაბათი khutshabati
viernes	პარასკევი p'arask'evi
sábado	შაბათი shabati
domingo	კვირა k'vira

Saludos. Presentaciones.

Hola.	გამარჯობა. gamarjoba.
Encantado /Encantada/ de conocerle.	მოხარული ვარ თქვენი გაცნობით. mokharuli var tkveni gatsnobit.
Yo también.	მეც. mets.
Le presento a …	გაიცანით. ეს არის … gaitsanit. es aris …
Encantado.	ძალიან სასიამოვნოა. dzalian sasiamovnoa.

¿Cómo está?	როგორ ხართ? როგორ არის თქვენი საქმეები? rogor khart? rogor aris tkveni sakmeebi?
Me llamo …	მე მქვია … me mkvia …
Se llama …	მას ჰქვია … mas hkvia …
Se llama …	მას ჰქვია … mas hkvia …
¿Cómo se llama (usted)?	რა გქვიათ? ra gkviat?
¿Cómo se llama (él)?	რა ჰქვია მას? ra hkvia mas?
¿Cómo se llama (ella)?	რა ჰქვია მას? ra hkvia mas?

¿Cuál es su apellido?	რა გვარი ხართ? ra gvari khart?
Puede llamarme …	დამიძახეთ … damidzakhet …
¿De dónde es usted?	საიდან ხართ? saidan khart?
Yo soy de ….	მე …-დან ვარ me …-dan var
¿A qué se dedica?	რად მუშაობთ? rad mushaobt?

¿Quién es?	ვინ არის ეს? vin aris es?
¿Quién es él?	ვინ არის ის? vin aris is?

| ¿Quién es ella? | ვინ არის ის?
vin aris is? |
| ¿Quiénes son? | ვინ არიან ისინი?
vin arian isini? |

Este es …	ეს არის … es aris …
mi amigo	ჩემი მეგობარი chemi megobari
mi amiga	ჩემი მეგობარი chemi megobari
mi marido	ჩემი ქმარი chemi kmari
mi mujer	ჩემი ცოლი chemi tsoli

mi padre	ჩემი მამა chemi mama
mi madre	ჩემი დედა chemi deda
mi hermano	ჩემი ძმა chemi dzma
mi hermana	ჩემი და chemi da
mi hijo	ჩემი ვაჟი chemi vazhi
mi hija	ჩემი ქალიშვილი chemi kalishvili

Este es nuestro hijo.	ეს ჩვენი ვაჟიშვილია. es chveni vazhishvilia.
Esta es nuestra hija.	ეს ჩვენი ქალიშვილია. es chveni kalishvilia.
Estos son mis hijos.	ეს ჩემი შვილები არიან. es chemi shvilebi arian.
Estos son nuestros hijos.	ეს ჩვენი შვილები არიან. es chveni shvilebi arian.

Despedidas

¡Adiós!	ნახვამდის! nakhvamdis!
¡Chau!	კარგად! k'argad!
Hasta mañana.	ხვალამდე. khvalamde.
Hasta pronto.	შეხვედრამდე. shekhvedramde.
Te veo a las siete.	შვიდზე შევხვდებით. shvidze shevkhvdebit.
¡Que se diviertan!	გაერთეთ! gaertet!
Hablamos más tarde.	ვისაუბროთ მოგვიანებით. visaubrot mogvianebit.
Que tengas un buen fin de semana.	წარმატებულ დასვენების დღეებს გისურვებთ. ts'armat'ebul dasvenebis dgheebs gisurvebt.
Buenas noches.	ღამე მშვიდობისა. ghame mshvidobisa.
Es hora de irme.	ჩემი წასვლის დროა. chemi ts'asvlis droa.
Tengo que irme.	მე უნდა წავიდე. me unda ts'avide.
Ahora vuelvo.	ახლავე დავბრუნდები. akhlave davbrundebi.
Es tarde.	უკვე გვიანია. uk've gviania.
Tengo que levantarme temprano.	მე ადრე უნდა ავდგე. me adre unda avdge.
Me voy mañana.	მე ხვალ მივდივარ. me khval mivdivar.
Nos vamos mañana.	ჩვენ ხვალ მივდივართ. chven khval mivdivart.
¡Que tenga un buen viaje!	ბედნიერ მგზავრობას გისურვებთ! bednier mgzavrobas gisurvebt!
Ha sido un placer.	სასიამოვნო იყო თქვენი გაცნობა. sasiamovno iqo tkveni gatsnoba.

Fue un placer hablar con usted.	სასიამოვნო იყო თქვენთან ურთიერთობა. sasiamovno iqo tkventan urtiertoba.
Gracias por todo.	გმადლობთ ყველაფრისთვის. gmadlobt qvelapristvis.
Lo he pasado muy bien.	მე საუცხოოდ გავატარე დრო. me sautskhood gavat'are dro.
Lo pasamos muy bien.	ჩვენ საუცხოოდ გავატარეთ დრო. chven sautskhood gavat'aret dro.
Fue genial.	ყველაფერი ჩინებული იყო. qvelaperi chinebuli iqo.
Le voy a echar de menos.	მე მომენატრებით. me momenat'rebit.
Le vamos a echar de menos.	ჩვენ მოგვენატრებით. chven mogvenat'rebit.
¡Suerte!	წარმატებებს გისურვებთ! ბედნიერად! ts'armat'ebebs gisurvebt! bednierad!
Saludos a …	მოკითხვა გადაეცით … mok'itkhva gadaetsit …

Idioma extranjero

No entiendo.
მე არ მესმის.
me ar mesmis.

Escríbalo, por favor.
დაწერეთ ეს, თუ შეიძლება.
dats'eret es, tu sheidzleba.

¿Habla usted …?
თქვენ იცით …?
tkven itsit …?

Hablo un poco de …
მე ცოტა ვიცი …
me tsot'a vitsi …

inglés
ინგლისური
inglisuri

turco
თურქული
turkuli

árabe
არაბული
arabuli

francés
ფრანგული
pranguli

alemán
გერმანული
germanuli

italiano
იტალიური
it'aliuri

español
ესპანური
esp'anuri

portugués
პორტუგალიური
p'ort'ugaliuri

chino
ჩინური
chinuri

japonés
იაპონური
iap'onuri

¿Puede repetirlo, por favor?
გაიმეორეთ, თუ შეიძლება.
gaimeoret, tu sheidzleba.

Lo entiendo.
მე მესმის.
me mesmis.

No entiendo.
მე არ მესმის.
me ar mesmis.

Hable más despacio, por favor.
ილაპარაკეთ უფრო ნელა,
თუ შეიძლება.
ilap'arak'et upro nela,
tu sheidzleba.

¿Está bien?   ეს სწორია?
                                         es sts'oria?

¿Qué es esto? (¿Que significa esto?)   რა არის ეს?
                                         ra aris es?

Disculpas

Perdone, por favor.
ბოდიში, უკაცრავად.
bodishi, uk'atsravad.

Lo siento.
მე ვწუხვარ.
me vts'ukhvar.

Lo siento mucho.
მე ძალიან ვწუხვარ.
me dzalian vts'ukhvar.

Perdón, fue culpa mía.
დამნაშავე ვარ, ეს ჩემი ბრალია.
damnashave var, es chemi bralia.

Culpa mía.
ჩემი შეცდომაა.
chemi shetsdomaa.

¿Puedo ...?
მე შემიძლია ...?
me shemidzlia ...?

¿Le molesta si ...?
წინააღმდეგი ხომ არ იქნებით, მე რომ ...?
ts'inaaghmdegi khom ar iknebit, me rom ...?

¡No hay problema! (No pasa nada.)
არა უშავს.
ara ushavs.

Todo está bien.
ყველაფერი წესრიგშია.
qvelaperi ts'esrigshia.

No se preocupe.
ნუ შეწუხდებით.
nu shets'ukhdebit.

Acuerdos

Sí.	დიახ. diakh.
Sí, claro.	დიახ, რა თქმა უნდა. diakh, ra tkma unda.
Bien.	კარგი! k'argi!
Muy bien.	ძალიან კარგი. dzalian k'argi.
¡Claro que sí!	რა თქმა უნდა! ra tkma unda!
Estoy de acuerdo.	მე თანახმა ვარ. me tanakhma var.
Es verdad.	სწორია. sts'oria.
Es correcto.	სწორია. sts'oria.
Tiene razón.	თქვენ მართალი ხართ. tkven martali khart.
No me molesta.	მე წინააღმდეგი არა ვარ. me ts'inaaghmdegi ara var.
Es completamente cierto.	სრული ჭეშმარიტებაა. sruli ch'eshmarit'ebaa.
Es posible.	ეს შესაძლებელია. es shesadzlebelia.
Es una buena idea.	ეს კარგი აზრია. es k'argi azria.
No puedo decir que no.	უარს ვერ ვიტყვი. uars ver vit'qvi.
Estaré encantado /encantada/.	მოხარული ვიქნები. mokharuli viknebi.
Será un placer.	სიამოვნებით. siamovnebit.

Rechazo. Expresar duda

No.	არა. ara.
Claro que no.	რა თქმა უნდა არა. ra tkma unda ara.
No estoy de acuerdo.	მე თანახმა არ ვარ. me tanakhma ar var.
No lo creo.	მე ასე არ ვფიქრობ. me ase ar vpikrob.
No es verdad.	ეს მართალი არაა. es martali araa.
No tiene razón.	თქვენ არ ხართ მართალი. tkven ar khart martali.
Creo que no tiene razón.	მე მგონია, რომ თქვენ მართალი არ ხართ. me mgonia, rom tkven martali ar khart.
No estoy seguro /segura/.	დარწმუნებული არ ვარ. darts'munebuli ar var.
No es posible.	ეს შეუძლებელია. es sheudzlebelia.
¡Nada de eso!	ნურას უკაცრავად! nuras uk'atsravad!
Justo lo contrario.	პირიქით! p'irikit!
Estoy en contra de ello.	მე წინააღმდეგი ვარ. me ts'inaaghmdegi var.
No me importa. (Me da igual.)	ჩემთვის სულ ერთია. chemtvis sul ertia.
No tengo ni idea.	აზრზე არ ვარ. azrze ar var.
Dudo que sea así.	მეეჭვება, რომ ეს ასეა. meech'veba, rom es asea.
Lo siento, no puedo.	ბოდიში, მე არ შემიძლია. bodishi, me ar shemidzlia.
Lo siento, no quiero.	ბოდიში, მე არ მინდა. bodishi, me ar minda.
Gracias, pero no lo necesito.	გმადლობთ, მე ეს არ მჭირდება. gmadlobt, me es ar mch'irdeba.

Ya es tarde.

უკვე გვიანია.
uk've gviania.

Tengo que levantarme temprano.

მე ადრე უნდა ავდგე.
me adre unda avdge.

Me encuentro mal.

მე შეუძლოდ ვარ.
me sheudzlod var.

Expresar gratitud

Gracias.	გმადლობთ. gmadlobt.
Muchas gracias.	დიდი მადლობა. didi madloba.
De verdad lo aprecio.	ძალიან მადლიერი ვარ. dzalian madlieri var.
Se lo agradezco.	მე თქვენი მადლობელი ვარ. me tkveni madlobeli var.
Se lo agradecemos.	ჩვენ თქვენი მადლიერნი ვართ. chven tkveni madlierni vart.
Gracias por su tiempo.	გმადლობთ, რომ დრო დახარჯეთ. gmadlobt, rom dro dakharjet.
Gracias por todo.	მადლობა ყველაფრისთვის. madloba qvelapristvis.
Gracias por ...	მადლობა ...-თვის madloba ...-tvis
su ayuda	თქვენი დახმარებისთვის tkveni dakhmarebistvis
tan agradable momento	კარგი დროისთვის k'argi droistvis
una comida estupenda	მშვენიერი საჭმელისთვის mshvenieri sach'melistvis
una velada tan agradable	სასიამოვნო საღამოსთვის sasiamovno saghamostvis
un día maravilloso	შესანიშნავი დღისთვის shesanishnavi dghistvis
un viaje increíble	საინტერესო ექსკურსიისთვის. saint'ereso eksk'ursiistvis.
No hay de qué.	არაფერს. arapers.
De nada.	არ ღირს სამადლობლად. ar ghirs samadloblad.
Siempre a su disposición.	ყოველთვის მზად ვარ. qoveltvis mzad var.
Encantado /Encantada/ de ayudarle.	მოხარული ვიყავი დაგხმარებოდით. mokharuli viqavi dagkhmarebodit.
No hay de qué.	დაივიწყეთ. ყველაფერი წესრიგშია. daivits'qet. qvelaperi ts'esrigshia.
No tiene importancia.	ნუ ღელავთ. nu ghelavt.

Felicitaciones , Mejores Deseos

¡Felicidades!
გილოცავთ!
gilotsavt!

¡Feliz Cumpleaños!
გილოცავთ დაბადების დღეს!
gilotsavt dabadebis dghes!

¡Feliz Navidad!
ბედნიერ შობას გისურვებთ!
bednier shobas gisurvebt!

¡Feliz Año Nuevo!
გილოცავთ ახალ წელს!
gilotsavt akhal ts'els!

¡Felices Pascuas!
ნათელ აღდგომას გილოცავთ!
natel aghdgomas gilotsavt!

¡Feliz Hanukkah!
ბედნიერ ჰანუკას გისურვებთ!
bednier hanuk'as gisurvebt!

Quiero brindar.
მე მაქვს სადღეგრძელო.
me makvs sadghegrdzelo.

¡Salud!
გაგიმარჯოთ!
gagimarjot!

¡Brindemos por …!
დავლიოთ …!
davliot ...!

¡A nuestro éxito!
ჩვენი წარმატების იყოს!
chveni ts'armat'ebis iqos!

¡A su éxito!
თქვენი წარმატების იყოს!
tkveni ts'armat'ebis iqos!

¡Suerte!
წარმატებას გისურვებთ!
ts'armat'ebas gisurvebt!

¡Que tenga un buen día!
სასიამოვნო დღეს გისურვებთ!
sasiamovno dghes gisurvebt!

¡Que tenga unas buenas vacaciones!
კარგ დასვენებას გისურვებთ!
k'arg dasvenebas gisurvebt!

¡Que tenga un buen viaje!
გისურვებთ წარმატებულ მგზავრობას!
gisurvebt ts'armat'ebul mgzavrobas!

¡Espero que se recupere pronto!
გისურვებთ მალე გამოჯანმრთელებას!
gisurvebt male gamojanmrtelebas!

Socializarse

¿Por qué está triste?	რატომ ხართ უხასიათოდ? rat'om khart ukhasiatod?
¡Sonría! ¡Animese!	გაიღიმეთ! gaighimet!
¿Está libre esta noche?	თქვენ არ ხართ დაკავებული დღეს საღამოს? tkven ar khart dak'avebuli dghes saghamos?

¿Puedo ofrecerle algo de beber?	მე შემიძლია შემოგთავაზოთ დალევა? me shemidzlia shemogtavazot daleva?
¿Querría bailar conmigo?	არ გინდათ ცეკვა? ar gindat tsek'va?
Vamos a ir al cine.	იქნებ კინოში წავიდეთ? ikneb k'inoshi ts'avidet?

¿Puedo invitarle a ...?	შემიძლია დაგპატიჟოთ ...-ში? shemidzlia dagp'at'izhot ...-shi?
un restaurante	რესტორანში rest'oranshi
el cine	კინოში k'inoshi
el teatro	თეატრში teat'rshi
dar una vuelta	სასეირნოდ saseirnod

¿A qué hora?	რომელ საათზე? romel saatze?
esta noche	დღეს საღამოს dghes saghamos
a las seis	ექვს საათზე ekvs saatze
a las siete	შვიდ საათზე shvid saatze
a las ocho	რვა საათზე rva saatze
a las nueve	ცხრა საათზე tskhra saatze

¿Le gusta este lugar?	თქვენ აქ მოგწონთ? tkven ak mogts'ont?
¿Está aquí con alguien?	თქვენ აქ ვინმესთან ერთად ხართ? tkven ak vinmestan ertad khart?

Estoy con mi amigo /amiga/.

მე მეგობართან ერთად ვარ.
me megobartan ertad var.

Estoy con amigos.

მე მეგობრებთან ერთად ვარ.
me megobrebtan ertad var.

No, estoy solo /sola/.

მე მარტო ვარ.
me mart'o var.

¿Tienes novio?

შენ მეგობარი ვაჟი გყავს?
shen megobari vazhi gqavs?

Tengo novio.

მე მყავს მეგობარი ვაჟი.
me mqavs megobari vazhi.

¿Tienes novia?

შენ გყავს მეგობარი გოგონა?
shen gqavs megobari gogona?

Tengo novia.

მე მყავს მეგობარი გოგონა.
me mqavs megobari gogona.

¿Te puedo volver a ver?

ჩვენ კიდევ შევხვდებით?
chven k'idev shevkhvdebit?

¿Te puedo llamar?

შეიძლება დაგირეკო?
sheidzleba dagirek'o?

Llámame.

დამირეკე.
damirek'e.

¿Cuál es tu número?

რა ნომერი გაქვს?
ra nomeri gakvs?

Te echo de menos.

მენატრები.
menat'rebi.

¡Qué nombre tan bonito!

თქვენ ძალიან ლამაზი სახელი გაქვთ.
tkven dzalian lamazi sakheli gakvt.

Te quiero.

მე შენ მიყვარხარ.
me shen miqvarkhar.

¿Te casarías conmigo?

გამომყევი ცოლად.
gamomqevi tsolad.

¡Está de broma!

თქვენ ხუმრობთ!
tkven khumrobt!

Sólo estoy bromeando.

მე უბრალოდ ვხუმრობ.
me ubralod vkhumrob.

¿En serio?

თქვენ სერიოზულად?
tkven seriozulad?

Lo digo en serio.

მე სერიოზულად ვამბობ.
me seriozulad vambob.

¿De verdad?

მართლა?!
martla?!

¡Es increíble!

ეს წარმოუდგენელია!
es ts'armoudgenelia!

No le creo.

მე თქვენი არ მჯერა.
me tkveni ar mjera.

No puedo.

მე არ შემიძლია.
me ar shemidzlia.

No lo sé.

მე არ ვიცი.
me ar vitsi.

No le entiendo.

მე თქვენი არ მესმის.
me tkveni ar mesmis.

Váyase, por favor.

წადით, თუ შეიძლება.
ts'adit, tu sheidzleba.

¡Déjeme en paz!

დამანებეთ თავი!
damanebet tavi!

Es inaguantable.

მე მას ვერ ვიტან.
me mas ver vit'an.

¡Es un asqueroso!

თქვენ ამაზრზენი ხართ!
tkven amazrzeni khart!

¡Llamaré a la policía!

მე პოლიციას გამოვიძახებ!
me p'olitsias gamovidzakheb!

Compartir impresiones. Emociones

Me gusta.

მე ეს მომწონს.
me es momts'ons.

Muy lindo.

ძალიან სასიამოვნოა.
dzalian sasiamovnoa.

¡Es genial!

ეს ძალიან კარგია!
es dzalian k'argia!

No está mal.

ეს ცუდი არ არის.
es tsudi ar aris.

No me gusta.

მე ეს არ მომწონს!
me es ar momts'ons.

No está bien.

ეს კარგი არ არის.
es k'argi ar aris.

Está mal.

ეს ცუდია.
es tsudia.

Está muy mal.

ეს ძალიან ცუდია.
es dzalian tsudia.

¡Qué asco!

ეს ამაზრზენია.
es amazrzenia.

Estoy feliz.

მე ბედნიერი ვარ.
me bednieri var.

Estoy contento /contenta/.

მე კმაყოფილი ვარ.
me k'maqopili var.

Estoy enamorado /enamorada/.

მე შეყვარებული ვარ.
me sheqvarebuli var.

Estoy tranquilo.

მე მშვიდად ვარ.
me mshvidad var.

Estoy aburrido.

მე მოწყენილი ვარ.
me mots'qenili var.

Estoy cansado /cansada/.

მე დავიღალე.
me davighale.

Estoy triste.

მე სევდიანი ვარ.
me sevdiani var.

Estoy asustado.

მე შეშინებული ვარ.
me sheshinebuli var.

Estoy enfadado /enfadada/.

მე ვბრაზობ.
me vbrazob.

Estoy preocupado /preocupada/.

მე ვღელავ.
me vghelav.

Estoy nervioso /nerviosa/.

მე ვნერვიულობ.
me vnerviulob.

Estoy celoso /celosa/.

მე მშურს.
me mshurs.

Estoy sorprendido /sorprendida/.

მე გაკვირვებული ვარ.
me gak'virvebuli var.

Estoy perplejo /perpleja/.

მე გაოგნებული ვარ.
me gaognebuli var.

Problemas, Accidentes

Tengo un problema.	მე პრობლემა მაქვს. me p'roblema makvs.
Tenemos un problema.	ჩვენ პრობლემა გვაქვს. chven p'roblema gvakvs.
Estoy perdido /perdida/.	მე გზა ამებნა. me gza amebna.
Perdi el último autobús (tren).	მე დამაგვიანდა ბოლო ავტობუსზე (მატარებელზე). me damagvianda bolo avt'obusze (mat'arebelze).
No me queda más dinero.	მე სულ აღარ დამრჩა ფული. me sul aghar damrcha puli.
He perdido ...	მე დავკარგე ... me davk'arge ...
Me han robado ...	მე მომპარეს ... me momp'ares ...
mi pasaporte	პასპორტი p'asp'ort'i
mi cartera	საფულე sapule
mis papeles	საბუთები sabutebi
mi billete	ბილეთი bileti
mi dinero	ფული puli
mi bolso	ჩანთა chanta
mi cámara	ფოტოაპარატი pot'oap'arat'i
mi portátil	ნოუთბუქი noutbuki
mi tableta	პლანშეტი p'lanshet'i
mi teléfono	ტელეფონი t'eleponi
¡Ayúdeme!	მიშველეთ! mishvelet!
¿Qué pasó?	რა მოხდა...? ra mokhda...?

el incendio	ხანძარი khandzari
un tiroteo	სროლა srola
el asesinato	მკვლელობა mk'vleloba
una explosión	აფეთქება apetkeba
una pelea	ჩხუბი chkhubi

¡Llame a la policía!	გამოიძახეთ პოლიცია! gamoidzakhet p'olitsia!
¡Más rápido, por favor!	თუ შეიძლება, ჩქარა! tu sheidzleba, chkara!
Busco la comisaría.	მე ვეძებ პოლიციის განყოფილებას. me vedzeb p'olitsiis ganqopilebas.
Tengo que hacer una llamada.	მე უნდა დავრეკო. me unda davrek'o.
¿Puedo usar su teléfono?	შეიძლება დავრეკო? sheidzleba davrek'o?

Me han …	მე … me …
asaltado /asaltada/	გამძარცვეს gamdzartsves
robado /robada/	გამქურდეს gamkurdes
violada	გამაუპატიურეს gamaup'at'iures
atacado /atacada/	მცემეს mtsemes

¿Se encuentra bien?	თქვენ ყველაფერი რიგზე გაქვთ? tkven qvelaperi rigze gakvt?
¿Ha visto quien a sido?	თქვენ დაინახეთ, ვინ იყო? tkven dainakhet, vin iqo?
¿Sería capaz de reconocer a la persona?	თქვენ შეგიძლიათ ის იცნოთ? tkven shegidzliat is itsnot?
¿Está usted seguro?	თქვენ დარწმუნებული ხართ? tkven darts'munebuli khart?

Por favor, cálmese.	დაწყნარდით, თუ შეიძლება. dats'qnardit, tu sheidzleba.
¡Cálmese!	უფრო წყნარად! upro ts'qnarad!
¡No se preocupe!	ნუ ღელავთ. nu ghelavt.
Todo irá bien.	ყველაფერი კარგად იქნება. qvelaperi k'argad ikneba.
Todo está bien.	ყველაფერი რიგზეა. qvelaperi rigzea.

Venga aquí, por favor.	აქ მობრძანდით, თუ შეიძლება. ak mobrdzandit, tu sheidzleba.
Tengo unas preguntas para usted.	მე რამდენიმე კითხვა მაქვს თქვენთან. me ramdenime k'itkhva makvs tkventan.
Espere un momento, por favor.	დაელოდეთ, თუ შეიძლება. daelodet, tu sheidzleba.
¿Tiene un documento de identidad?	თქვენ გაქვთ საბუთები? tkven gakvt sabutebi?
Gracias. Puede irse ahora.	გმადლობთ. შეგიძლიათ წაბრძანდეთ. gmadlobt. shegidzliat ts'abrdzandet.
¡Manos detrás de la cabeza!	ხელები თავს უკან! khelebi tavs uk'an!
¡Está arrestado!	თქვენ დაპატიმრებული ხართ! tkven dap'at'imrebuli khart!

Problemas de salud

Ayudeme, por favor.	მიშველეთ, თუ შეიძლება. mishvelet, tu sheidzleba.
No me encuentro bien.	მე ცუდად ვარ. me tsudad var.
Mi marido no se encuentra bien.	ჩემი ქმარი ცუდად არის. chemi kmari tsudad aris.
Mi hijo ...	ჩემი ვაჟი ... chemi vazhi ...
Mi padre ...	ჩემი მამა ... chemi mama ...
Mi mujer no se encuentra bien.	ჩემი ცოლი ცუდად არის. chemi tsoli tsudad aris.
Mi hija ...	ჩემი ქალიშვილი ... chemi kalishvili ...
Mi madre ...	ჩემი დედა ... chemi deda ...
Me duele ...	მე ... მტკივა me ... mt'k'iva
la cabeza	თავი tavi
la garganta	ყელი qeli
el estómago	მუცელი mutseli
un diente	კბილი k'bili
Estoy mareado.	მე თავბრუ მეხვევა. me tavbru mekhveva.
Él tiene fiebre.	მას სიცხე აქვს. mas sitskhe akvs.
Ella tiene fiebre.	მას სიცხე აქვს. mas sitskhe akvs.
No puedo respirar.	სუნთქვა არ შემიძლია. suntkva ar shemidzlia.
Me ahogo.	სული მეხუთება. suli mekhuteba.
Tengo asma.	მე ასთმა მაქვს. me astma makvs.
Tengo diabetes.	მე დიაბეტი მაქვს. me diabet'i makvs.

No puedo dormir.	მე უძილობა მჭირს. me udziloba mch'irs.
intoxicación alimentaria	კვებითი მოწამვლა მაქვს k'vebiti mots'amvla makvs

Me duele aquí.	აი აქ მტკივა. ai ak mt'k'iva.
¡Ayúdeme!	მიშველეთ! mishvelet!
¡Estoy aquí!	მე აქ ვარ! me ak var!
¡Estamos aquí!	ჩვენ აქ ვართ! chven ak vart!
¡Saquenme de aquí!	ამომიყვანეთ აქედან! amomiqvanet akedan!
Necesito un médico.	მე ექიმი მჭირდება. me ekimi mch'irdeba.
No me puedo mover.	მოძრაობა არ შემიძლია. modzraoba ar shemidzlia.
No puedo mover mis piernas.	ფეხებს ვერ ვგრძნობ. pekhebs ver vgrdznob.

Tengo una herida.	მე დაჭრილი ვარ. me dach'rili var.
¿Es grave?	ეს სერიოზულია? es seriozulia?
Mis documentos están en mi bolsillo.	ჩემი საბუთები ჯიბეშია. chemi sabutebi jibeshia.
¡Cálmese!	დაწყნარდით! dats'qnardit!
¿Puedo usar su teléfono?	შეიძლება დავრეკო? sheidzleba davrek'o?

¡Llame a una ambulancia!	გამოიძახეთ სასწრაფო! gamoidzakhet sasts'rapo!
¡Es urgente!	ეს სასწრაფოა! es sasts'rapoa!
¡Es una emergencia!	ეს ძალიან სასწრაფოა! es dzalian sasts'rapoa!
¡Más rápido, por favor!	თუ შეიძლება, ჩქარა! tu sheidzleba, chkara!
¿Puede llamar a un médico, por favor?	ექიმი გამოიძახეთ, თუ შეიძლება. ekimi gamoidzakhet, tu sheidzleba.
¿Dónde está el hospital?	მითხარით, სად არის საავადმყოფო? mitkharit, sad aris saavadmqopo?

¿Cómo se siente?	როგორ გრძნობთ თავს? rogor grdznobt tavs?
¿Se encuentra bien?	თქვენ ყველაფერი წესრიგში გაქვთ? tkven qvelaperi ts'esrigshi gakvt?
¿Qué pasó?	რა მოხდა? ra mokhda?

Me encuentro mejor.

მე უკვე უკეთ ვარ.
me uk've uk'et var.

Está bien.

ყველაფერი რიგზეა.
qvelaperi rigzea.

Todo está bien.

ყველაფერი კარგად არის.
qvelaperi k'argad aris.

En la farmacia

la farmacia	აფთიაქი aptiaki
la farmacia 24 horas	სადღეღამისო აფთიაქი sadgheghamiso aptiaki
¿Dónde está la farmacia más cercana?	სად არის უახლოესი აფთიაქი? sad aris uakhloesi aptiaki?
¿Está abierta ahora?	ის ახლა ღიაა? is akhla ghiaa?
¿A qué hora abre?	რომელ საათზე იხსნება? romel saatze ikhsneba?
¿A qué hora cierra?	რომელ საათამდე მუშაობს? romel saatamde mushaobs?
¿Está lejos?	ეს შორს არის? es shors aris?
¿Puedo llegar a pie?	მე მივალ იქამდე ფეხით? me mival ikamde pekhit?
¿Puede mostrarme en el mapa?	მაჩვენეთ რუკაზე, თუ შეიძლება. machvenet ruk'aze, tu sheidzleba.
Por favor, deme algo para ...	მომეცით რამე, ...-ის mometsit rame, ...-is
un dolor de cabeza	თავის ტკივილის tavis t'k'ivilis
la tos	ხველების khvelebis
el resfriado	გაციების gatsivebis
la gripe	გრიპის grip'is
la fiebre	სიცხის sitskhis
un dolor de estomago	კუჭის ტკივილის k'uch'is t'k'ivilis
nauseas	გულისრევის gulisrevis
la diarrea	დიარეის diareis
el estreñimiento	კუჭში შეკრულობის k'uch'shi shek'rulobis
un dolor de espalda	ზურგის ტკივილი zurgis t'k'ivili

un dolor de pecho	მკერდის ტკივილი mk'erdis t'k'ivili
el flato	ტკივილი გვერდში t'k'ivili gverdshi
un dolor abdominal	ტკივილი მუცელში t'k'ivili mutselshi

la píldora	ტაბლეტი t'ablet'i
la crema	მალამო, კრემი malamo, k'remi
el jarabe	სიროფი siropi
el spray	სპრეი sp'rei
las gotas	წვეთები ts'vetebi

Tiene que ir al hospital.	თქვენ საავადმყოფოში უნდა იყოთ. tkven saavadmqoposhi unda iqot.
el seguro de salud	დაზღვევა dazghveva
la receta	რეცეპტი retsep't'i
el repelente de insectos	მწერების საწინააღმდეგო საშუალება mts'erebis sats'inaaghmdego sashualeba
la curita	ლეიკოპლასტირი leik'op'last'iri

Lo más imprescindible

Perdone, ...	უკაცრავად, ...
	uk'atsravad, ...
Hola.	გამარჯობა.
	gamarjoba.
Gracias.	გმადლობთ.
	gmadlobt.

Sí.	დიახ.
	diakh.
No.	არა.
	ara.
No lo sé.	არ ვიცი.
	ar vitsi.
¿Dónde? | ¿A dónde? | ¿Cuándo?	სად?| საით?| როდის?
	sad?| sait?| rodis?

Necesito ...	მე მჭირდება...
	me mch'irdeba...
Quiero ...	მე მინდა ...
	me minda ...
¿Tiene ...?	თქვენ გაქვთ ...?
	tkven gakvt ...?
¿Hay ... por aquí?	აქ არის ... ?
	ak aris ... ?
¿Puedo ...?	შემიძლია... ?
	shemidzlia... ?
..., por favor? (petición educada)	თუ შეიძლება
	tu sheidzleba

Busco ...	მე ვეძებ ...
	me vedzeb ...
el servicio	ტუალეტს
	t'ualet's
un cajero automático	ბანკომატს
	bank'omat's
una farmacia	აფთიაქს
	aptiaks
el hospital	საავადმყოფოს
	saavadmqopos

la comisaría	პოლიციის განყოფილებას
	p'olitsiis ganqopilebas
el metro	მეტროს
	met'ros

un taxi	ტაქსს t'akss
la estación de tren	რკინიგზის სადგურს rk'inigzis sadgurs
Me llamo …	მე მქვია … me mkvia …
¿Cómo se llama?	რა გქვიათ? ra gkviat?
¿Puede ayudarme, por favor?	დამეხმარეთ, თუ შეიძლება. damekhmaret, tu sheidzleba.
Tengo un problema.	პრობლემა მაქვს. p'roblema makvs.
Me encuentro mal.	ცუდად ვარ. tsudad var.
¡Llame a una ambulancia!	გამოიძახეთ სასწრაფო! gamoidzakhet sasts'rapo!
¿Puedo llamar, por favor?	შემიძლია დავრეკო? shemidzlia davrek'o?
Lo siento.	ბოდიშს გიხდით bodishs gikhdit
De nada.	არაფერს arapers
Yo	მე me
tú	შენ shen
él	ის is
ella	ის is
ellos	ისინი isini
ellas	ისინი isini
nosotros /nosotras/	ჩვენ chven
ustedes, vosotros	თქვენ tkven
usted	თქვენ tkven
ENTRADA	შესასვლელი shesasvleli
SALIDA	გასასვლელი gasasvleli
FUERA DE SERVICIO	არ მუშაობს ar mushaobs
CERRADO	დაკეტილია dak'et'ilia

ABIERTO

ღიაა
ghiaa

PARA SEÑORAS

ქალებისთვის
kalebistvis

PARA CABALLEROS

მამაკაცებისთვის
mamak'atsebistvis

T&P BOOKS

DICCIONARIO CONCISO

Esta sección contiene más
de 1.500 palabras útiles.
El diccionario incluye muchos
términos gastronómicos
y será de gran ayuda para
pedir alimentos en un
restaurante o comprando
comestibles en la tienda

T&P Books Publishing

CONTENIDO
DEL DICCIONARIO

T&P Books Publishing

1. La hora. El calendario

tiempo (m)	დრო	dro
hora (f)	საათი	saati
media hora (f)	ნახევარი საათი	nakhevari saati
minuto (m)	წუთი	ts'uti
segundo (m)	წამი	ts'ami
hoy (adv)	დღეს	dghes
mañana (adv)	ხვალ	khval
ayer (adv)	გუშინ	gushin
lunes (m)	ორშაბათი	orshabati
martes (m)	სამშაბათი	samshabati
miércoles (m)	ოთხშაბათი	otkhshabati
jueves (m)	ხუთშაბათი	khutshabati
viernes (m)	პარასკევი	p'arask'evi
sábado (m)	შაბათი	shabati
domingo (m)	კვირა	k'vira
día (m)	დღე	dghe
día (m) de trabajo	სამუშაო დღე	samushao dghe
día (m) de fiesta	სადღესასწაულო დღე	sadghesasts'aulo dghe
fin (m) de semana	დასვენების დღეები	dasvenebis dgheebi
semana (f)	კვირა	k'vira
semana (f) pasada	გასულ კვირას	gasul k'viras
semana (f) que viene	მომდევნო კვირას	momdevno k'viras
salida (f) del sol	მზის ამოსვლა	mzis amosvla
puesta (f) del sol	მზის ჩასვლა	mzis chasvla
por la mañana	დილით	dilit
por la tarde	სადილის შემდეგ	sadilis shemdeg
por la noche	საღამოს	saghamos
esta noche (p.ej. 8:00 p.m.)	დღეს საღამოს	dghes saghamos
por la noche	ღამით	ghamit
medianoche (f)	შუაღამე	shuaghame
enero (m)	იანვარი	ianvari
febrero (m)	თებერვალი	tebervali
marzo (m)	მარტი	mart'i
abril (m)	აპრილი	ap'rili
mayo (m)	მაისი	maisi
junio (m)	ივნისი	ivnisi
julio (m)	ივლისი	ivlisi

agosto (m)	აგვისტო	agvist'o
septiembre (m)	სექტემბერი	sekt'emberi
octubre (m)	ოქტომბერი	okt'omberi
noviembre (m)	ნოემბერი	noemberi
diciembre (m)	დეკემბერი	dek'emberi
en primavera	გაზაფხულზე	gazapkhulze
en verano	ზაფხულში	zapkhulshi
en otoño	შემოდგომაზე	shemodgomaze
en invierno	ზამთარში	zamtarshi
mes (m)	თვე	tve
estación (f)	სეზონი	sezoni
año (m)	წელი	ts'eli
siglo (m)	საუკუნე	sauk'une

2. Números. Los numerales

cifra (f)	ციფრი	tsipri
número (m) (~ cardinal)	რიცხვი	ritskhvi
menos (m)	მინუსი	minusi
más (m)	პლიუსი	p'liusi
suma (f)	ჯამი	jami
primero (adj)	პირველი	p'irveli
segundo (adj)	მეორე	meore
tercero (adj)	მესამე	mesame
cero	ნული	nuli
uno	ერთი	erti
dos	ორი	ori
tres	სამი	sami
cuatro	ოთხი	otkhi
cinco	ხუთი	khuti
seis	ექვსი	ekvsi
siete	შვიდი	shvidi
ocho	რვა	rva
nueve	ცხრა	tskhra
diez	ათი	ati
once	თერთმეტი	tertmet'i
doce	თორმეტი	tormet'i
trece	ცამეტი	tsamet'i
catorce	თოთხმეტი	totkhmet'i
quince	თხუთმეტი	tkhutmet'i
dieciséis	თექვსმეტი	tekvsmet'i
diecisiete	ჩვიდმეტი	chvidmet'i
dieciocho	თვრამეტი	tvramet'i

diecinueve	ცხრამეტი	tskhramet'i
veinte	ოცი	otsi
treinta	ოცდაათი	otsdaati
cuarenta	ორმოცი	ormotsi
cincuenta	ორმოცდაათი	ormotsdaati
sesenta	სამოცი	samotsi
setenta	სამოცდაათი	samotsdaati
ochenta	ოთხმოცი	otkhmotsi
noventa	ოთხმოცდაათი	otkhmotsdaati
cien	ასი	asi
doscientos	ორასი	orasi
trescientos	სამასი	samasi
cuatrocientos	ოთხასი	otkhasi
quinientos	ხუთასი	khutasi
seiscientos	ექვსასი	ekvsasi
setecientos	შვიდასი	shvidasi
ochocientos	რვაასი	rvaasi
novecientos	ცხრაასი	tskhraasi
mil	ათასი	atasi
diez mil	ათი ათასი	ati atasi
cien mil	ასი ათასი	asi atasi
millón (m)	მილიონი	milioni
mil millones	მილიარდი	miliardi

3. El ser humano. Los familiares

hombre (m) (varón)	კაცი	k'atsi
joven (m)	ყმაწვილი	qmats'vili
adolescente (m)	მოზარდი	mozardi
mujer (f)	ქალი	kali
muchacha (f)	ქალიშვილი	kalishvili
edad (f)	ასაკი	asak'i
adulto	მოზრდილი	mozrdili
de edad media (adj)	საშუალო ასაკისა	sashualo asak'isa
anciano, mayor (adj)	ხანში შესული	khanshi shesuli
viejo (adj)	ბებერი	beberi
anciano (m)	მოხუცი	mokhutsi
anciana (f)	დედაბერი	dedaberi
jubilarse	პენსიაზე გასვლა	p'ensiaze gasvla
jubilado (m)	პენსიონერი	p'ensioneri
madre (f)	დედა	deda
padre (m)	მამა	mama
hijo (m)	ვაჟიშვილი	vazhishvili
hija (f)	ქალიშვილი	kalishvili

hermano (m)	ძმა	dzma
hermana (f)	და	da
padres (pl)	მშობლები	mshoblebi
niño -a (m, f)	შვილი	shvili
niños (pl)	შვილები	shvilebi
madrastra (f)	დედინაცვალი	dedinatsvali
padrastro (m)	მამინაცვალი	maminatsvali
abuela (f)	ბებია	bebia
abuelo (m)	პაპა	p'ap'a
nieto (m)	შვილიშვილი	shvilishvili
nieta (f)	შვილიშვილი	shvilishvili
nietos (pl)	შვილიშვილები	shvilishvilebi
tío (m)	ბიძა	bidza
mujer (f)	ცოლი	tsoli
marido (m)	ქმარი	kmari
casado (adj)	ცოლიანი	tsoliani
casada (adj)	გათხოვილი	gatkhovili
viuda (f)	ქვრივი	kvrivi
viudo (m)	ქვრივი	kvrivi
nombre (m)	სახელი	sakheli
apellido (m)	გვარი	gvari
pariente (m)	ნათესავი	natesavi
amigo (m)	მეგობარი	megobari
amistad (f)	მეგობრობა	megobroba
compañero (m)	პარტნიორი	p'art'niori
superior (m)	უფროსი	uprosi
colega (m, f)	კოლეგა	k'olega
vecinos (pl)	მეზობლები	mezoblebi

4. El cuerpo. La anatomía humana

organismo (m)	ორგანიზმი	organizmi
cuerpo (m)	ტანი	t'ani
corazón (m)	გული	guli
sangre (f)	სისხლი	siskhli
cerebro (m)	ტვინი	t'vini
nervio (m)	ნერვი	nervi
hueso (m)	ძვალი	dzvali
esqueleto (m)	ჩონჩხი	chonchkhi
columna (f) vertebral	ხერხემალი	kherkhemali
costilla (f)	ნეკნი	nek'ni
cráneo (m)	თავის ქალა	tavis kala
músculo (m)	კუნთი	k'unti

pulmones (m pl)	ფილტვები	pilt'vebi
piel (f)	კანი	k'ani
cabeza (f)	თავი	tavi
cara (f)	სახე	sakhe
nariz (f)	ცხვირი	tskhviri
frente (f)	შუბლი	shubli
mejilla (f)	ლოყა	loqa
boca (f)	პირი	p'iri
lengua (f)	ენა	ena
diente (m)	კბილი	k'bili
labios (m pl)	ტუჩები	t'uchebi
mentón (m)	ნიკაპი	nik'ap'i
oreja (f)	ყური	quri
cuello (m)	კისერი	k'iseri
garganta (f)	ყელი	qeli
ojo (m)	თვალი	tvali
pupila (f)	გუგა	guga
ceja (f)	წარბი	ts'arbi
pestaña (f)	წამწამი	ts'amts'ami
pelo, cabello (m)	თმები	tmebi
peinado (m)	ვარცხნილობა	vartskhniloba
bigote (m)	ულვაშები	ulvashebi
barba (f)	წვერი	ts'veri
tener (~ la barba)	ტარება	t'areba
calvo (adj)	მელოტი	melot'i
mano (f)	მტევანი	mt'evani
brazo (m)	მკლავი	mk'lavi
dedo (m)	თითი	titi
uña (f)	ფრჩხილი	prchkhili
palma (f)	ხელისგული	khelisguli
hombro (m)	მხარი	mkhari
pierna (f)	ფეხი	pekhi
planta (f)	ტერფი	t'erpi
rodilla (f)	მუხლი	mukhli
talón (m)	ქუსლი	kusli
espalda (f)	ზურგი	zurgi
cintura (f), talle (m)	წელი	ts'eli
lunar (m)	ხალი	khali

5. La medicina. Las drogas

salud (f)	ჯანმრთელობა	janmrteloba
sano (adj)	ჯანმრთელი	janmrteli

enfermedad (f)	ავადმყოფობა	avadmqopoba
estar enfermo	ავადმყოფობა	avadmqopoba
enfermo (adj)	ავადმყოფი	avadmqopi
resfriado (m)	გაცივება	gatsiveba
resfriarse (vr)	გაცივება	gatsiveba
angina (f)	ანგინა	angina
pulmonía (f)	ფილტვების ანთება	pilt'vebis anteba
gripe (f)	გრიპი	grip'i
resfriado (m) (coriza)	სურდო	surdo
tos (f)	ხველა	khvela
toser (vi)	ხველება	khveleba
estornudar (vi)	ცხვირის ცემინება	tskhviris tsemineba
insulto (m)	ინსულტი	insult'i
ataque (m) cardiaco	ინფარქტი	inparkt'i
alergia (f)	ალერგია	alergia
asma (f)	ასთმა	astma
diabetes (f)	დიაბეტი	diabet'i
tumor (m)	სიმსივნე	simsivne
cáncer (m)	კიბო	k'ibo
alcoholismo (m)	ალკოჰოლიზმი	alk'oholizmi
SIDA (m)	შიდსი	shidsi
fiebre (f)	ციება	tsieba
mareo (m)	ზღვის ავადმყოფობა	zghvis avadmqopoba
moradura (f)	ლები	lebi
chichón (m)	კოპი	k'op'i
cojear (vi)	კოჭლობა	k'och'loba
dislocación (f)	ღრძობა	ghrdzoba
dislocar (vt)	ღრძობა	ghrdzoba
fractura (f)	მოტეხილობა	mot'ekhiloba
quemadura (f)	დამწვრობა	damts'vroba
herida (f)	დაზიანება	dazianeba
dolor (m)	ტკივილი	t'k'ivili
dolor (m) de muelas	კბილის ტკივილი	k'bilis t'k'ivili
sudar (vi)	გაოფლიანება	gaoplianeba
sordo (adj)	ყრუ	qru
mudo (adj)	მუნჯი	munji
inmunidad (f)	იმუნიტეტი	imunit'et'i
virus (m)	ვირუსი	virusi
microbio (m)	მიკრობი	mik'robi
bacteria (f)	ბაქტერია	bakt'eria
infección (f)	ინფექცია	inpektsia
hospital (m)	საავადმყოფო	saavadmqopo
cura (f)	მკურნალობა	mk'urnaloba

vacunar (vt)	აცრის გაკეთება	atsris gak'eteba
estar en coma	კომაში ყოფნა	k'omashi qopna
revitalización (f)	რეანიმაცია	reanimatsia
síntoma (m)	სიმპტომი	simp't'omi
pulso (m)	პულსი	p'ulsi

6. Los sentimientos. Las emociones

yo	მე	me
tú	შენ	shen
él, ella, ello	ის	is
nosotros, -as	ჩვენ	chven
vosotros, -as	თქვენ	tkven
ellos, ellas	ისინი	isini
¡Hola! (fam.)	გამარჯობა!	gamarjoba!
¡Hola! (form.)	გამარჯობათ!	gamarjobat!
¡Buenos días!	დილა მშვიდობისა!	dila mshvidobisa!
¡Buenas tardes!	დღე მშვიდობისა!	dghe mshvidobisa!
¡Buenas noches!	საღამო მშვიდობისა!	saghamo mshvidobisa!
decir hola	მისალმება	misalmeba
saludar (vt)	მისალმება	misalmeba
¿Cómo estás?	როგორ ხარ?	rogor khar?
¡Chau! ¡Adiós!	ნახვამდის!	nakhvamdis!
¡Gracias!	გმადლობთ!	gmadlobt!
sentimientos (m pl)	გრძნობები	grdznobebi
cansado (adj)	დაღლილი	daghlili
inquietarse (vr)	წუხილი	ts'ukhili
estar nervioso	ნერვიულობა	nerviuloba
esperanza (f)	იმედი	imedi
esperar (tener esperanza)	იმედოვნება	imedovneba
carácter (m)	ხასიათი	khasiati
modesto (adj)	თავმდაბალი	tavmdabali
perezoso (adj)	ზარმაცი	zarmatsi
generoso (adj)	გულუხვი	gulukhvi
talentoso (adj)	ნიჭიერი	nich'ieri
honesto (adj)	პატიოსანი	p'at'iosani
serio (adj)	სერიოზული	seriozuli
tímido (adj)	გაუბედავი	gaubedavi
sincero (adj)	გულწრფელი	gults'rpeli
cobarde (m)	მშიშარა	mshishara
dormir (vi)	დაძინება	dadzineba
sueño (m) (dulces ~s)	სიზმარი	sizmari
cama (f)	საწოლი	sats'oli

almohada (f)	ბალიში	balishi
insomnio (m)	უძილობა	udziloba
irse a la cama	დასაძინებლად წასვლა	dasadzineblad ts'asvla
pesadilla (f)	კოშმარი	k'oshmari
despertador (m)	მაღვიძარა	maghvidzara
sonrisa (f)	ღიმილი	ghimlli
sonreír (vi)	გაღიმება	gaghimeba
reírse (vr)	სიცილი	sitsili
disputa (f), riña (f)	ჩხუბი	chkhubi
insulto (m)	შეურაცხყოფა	sheuratskhqopa
ofensa (f)	წყენა	ts'qena
enfadado (adj)	გაბრაზებული	gabrazebuli

7. La ropa. Accesorios personales

ropa (f)	ტანსაცმელი	t'ansatsmeli
abrigo (m)	პალტო	p'alt'o
abrigo (m) de piel	ქურქი	kurki
cazadora (f)	ქურთუკი	kurtuk'i
impermeable (m)	ლაბადა	labada
camisa (f)	პერანგი	p'erangi
pantalones (m pl)	შარვალი	sharvali
chaqueta (f), saco (m)	პიჯაკი	p'ijak'i
traje (m)	კოსტიუმი	k'ost'iumi
vestido (m)	კაბა	k'aba
falda (f)	ბოლოკაბა	bolok'aba
camiseta (f) (T-shirt)	მაისური	maisuri
bata (f) de baño	ხალათი	khalati
pijama (m)	პიჟამო	p'izhamo
ropa (f) de trabajo	სამუშაო ტანსაცმელი	samushao t'ansatsmeli
ropa (f) interior	საცვალი	satsvali
calcetines (m pl)	წინდები	ts'indebi
sostén (m)	ბიუსტჰალტერი	biust'halt'eri
pantimedias (f pl)	კოლგოტი	k'olgot'i
medias (f pl)	ყელიანი წინდები	qeliani ts'indebi
traje (m) de baño	საბანაო კოსტიუმი	sabanao k'ost'iumi
gorro (m)	ქუდი	kudi
calzado (m)	ფეხსაცმელი	pekhsatsmeli
botas (f pl) altas	ჩექმები	chekmebi
tacón (m)	ქუსლი	kusli
cordón (m)	ზონარი	zonari
betún (m)	ფეხსაცმლის კრემი	pekhsatsmlis k'remi
algodón (m)	ბამბა	bamba
lana (f)	შალი	shali

piel (f) (~ de zorro, etc.)	ბეწვი	bets'vi
guantes (m pl)	ხელთათმანები	kheltatmanebi
manoplas (f pl)	ხელთათმანი	kheltatmani
bufanda (f)	კაშნი	k'ashni
gafas (f pl)	სათვალე	satvale
paraguas (m)	ქოლგა	kolga
corbata (f)	ჰალსტუხი	halst'ukhi
moquero (m)	ცხვირსახოცი	tskhvirsakhotsi
peine (m)	სავარცხელი	savartskheli
cepillo (m) de pelo	თმის ჯაგრისი	tmis jagrisi
hebilla (f)	ბალთა	balta
cinturón (m)	ქამარი	kamari
bolso (m)	ჩანთა	chanta
cuello (m)	საყელო	saqelo
bolsillo (m)	ჯიბე	jibe
manga (f)	სახელო	sakhelo
bragueta (f)	ბარტყი	bart'qi
cremallera (f)	ელვა-შესაკრავი	elva-shesak'ravi
botón (m)	ღილი	ghili
ensuciarse (vr)	გასვრა	gasvra
mancha (f)	ლაქა	laka

8. La ciudad. Las instituciones urbanas

tienda (f)	მაღაზია	maghazia
centro (m) comercial	სავაჭრო ცენტრი	savach'ro tsent'ri
supermercado (m)	სუპერმარკეტი	sup'ermark'et'i
zapatería (f)	ფეხსაცმლის მაღაზია	pekhsatsmlis maghazia
librería (f)	წიგნების მაღაზია	ts'ignebis maghazia
farmacia (f)	აფთიაქი	aptiaki
panadería (f)	საფუნთუშე	sapuntushe
pastelería (f)	საკონდიტრო	sak'ondit'ro
tienda (f) de comestibles	საბაყლო	sabaqlo
carnicería (f)	საყასბე	saqasbe
verdulería (f)	ბოსტნეულის დუქანი	bost'neulis dukani
mercado (m)	ბაზარი	bazari
peluquería (f)	საპარიკმახერო	sap'arik'makhero
oficina (f) de correos	ფოსტა	post'a
tintorería (f)	ქიმწმენდა	kimts'menda
circo (m)	ცირკი	tsirk'i
zoológico (m)	ზოოპარკი	zoop'ark'i
teatro (m)	თეატრი	teat'ri
cine (m)	კინოთეატრი	k'inoteat'ri
museo (m)	მუზეუმი	muzeumi
biblioteca (f)	ბიბლიოთეკა	bibliotek'a

mezquita (f)	მეჩეთი	mecheti
sinagoga (f)	სინაგოგა	sinagoga
catedral (f)	ტაძარი	t'adzari
templo (m)	ტაძარი	t'adzari
iglesia (f)	ეკლესია	ek'lesia
instituto (m)	ინსტიტუტი	inst'it'ut'i
universidad (f)	უნივერსიტეტი	universit'et'i
escuela (f)	სკოლა	sk'ola
hotel (m)	სასტუმრო	sast'umro
banco (m)	ბანკი	bank'i
embajada (f)	საელჩო	saelcho
agencia (f) de viajes	ტურისტული სააგენტო	t'urist'uli saagent'o
metro (m)	მეტრო	met'ro
hospital (m)	საავადმყოფო	saavadmqopo
gasolinera (f)	ბენზინგასამართი სადგური	benzingasamarti sadguri
aparcamiento (m)	ავტოსადგომი	avt'osadgomi
ENTRADA	შესასვლელი	shesasvleli
SALIDA	გასასვლელი	gasasvleli
EMPUJAR	თქვენგან	tkvengan
TIRAR	თქვენსკენ	tkvensk'en
ABIERTO	ღიაა	ghiaa
CERRADO	დაკეტილია	dak'et'ilia
monumento (m)	ძეგლი	dzegli
fortaleza (f)	ციხე-სიმაგრე	tsikhe-simagre
palacio (m)	სასახლე	sasakhle
medieval (adj)	შუა საუკუნეებისა	shua sauk'uneebisa
antiguo (adj)	ძველებური	dzveleburi
nacional (adj)	ეროვნული	erovnuli
conocido (adj)	ცნობილი	tsnobili

9. El dinero. Las finanzas

dinero (m)	ფული	puli
moneda (f)	მონეტა	monet'a
dólar (m)	დოლარი	dolari
euro (m)	ევრო	evro
cajero (m) automático	ბანკომატი	bank'omat'i
oficina (f) de cambio	გაცვლითი პუნქტი	gatsvliti p'unkt'i
curso (m)	კურსი	k'ursi
dinero (m) en efectivo	ნაღდი ფული	naghdi puli
¿Cuánto?	რამდენი?	ramdeni?
pagar (vi, vt)	გადახდა	gadakhda

| pago (m) | საზღაური | sazghauri |
| cambio (m) (devolver el ~) | ხურდა | khurda |

precio (m)	ფასი	pasi
descuento (m)	ფასდაკლება	pasdak'leba
barato (adj)	იაფი	iapi
caro (adj)	ძვირი	dzviri

banco (m)	ბანკი	bank'i
cuenta (f)	ანგარიში	angarishi
tarjeta (f) de crédito	საკრედიტო ბარათი	sak'redit'o barati
cheque (m)	ჩეკი	chek'i
sacar un cheque	ჩეკის გამოწერა	chek'is gamots'era
talonario (m)	ჩეკების წიგნაკი	chek'ebis ts'ignak'i

deuda (f)	ვალი	vali
deudor (m)	მოვალე	movale
prestar (vt)	ნისიად მიცემა	nisiad mitsema
tomar prestado	ნისიად აღება	nisiad agheba

alquilar (vt)	ქირით აღება	kirit agheba
a crédito (adv)	სესხად	seskhad
cartera (f)	საფულე	sapule
caja (f) fuerte	სეიფი	seipi

| herencia (f) | მემკვიდრეობა | memk'vidreoba |
| fortuna (f) | ქონება | koneba |

impuesto (m)	გადასახადი	gadasakhadi
multa (f)	ჯარიმა	jarima
multar (vt)	დაჯარიმება	dajarimeba

| al por mayor (adj) | საბითუმო | sabitumo |
| al por menor (adj) | საცალო | satsalo |

| asegurar (vt) | დაზღვევა | dazghveva |
| seguro (m) | დაზღვევა | dazghveva |

capital (m)	კაპიტალი	k'ap'it'ali
volumen (m) de negocio	ბრუნვა	brunva
acción (f)	აქცია	aktsia

| beneficio (m) | მოგება | mogeba |
| beneficioso (adj) | მომგებიანი | momgebiani |

crisis (f)	კრიზისი	k'rizisi
bancarrota (f)	გაკოტრება	gak'ot'reba
ir a la bancarrota	გაკოტრება	gak'ot'reba

contable (m)	ბუღალტერი	bughalt'eri
salario (m)	ხელფასი	khelpasi
premio (m)	პრემია	p'remia

10. El transporte

autobús (m)	ავტობუსი	avt'obusi
tranvía (m)	ტრამვაი	t'ramvai
trolebús (m)	ტროლეიბუსი	t'roleibusi
ir en …	მგზავრობა	mgzavroba
tomar (~ el autobús)	ჩაჯდომა	chajdoma
bajar (~ del tren)	ჩამოსვლა	chamosvla
parada (f)	გაჩერება	gachereba
parada (f) final	ბოლო გაჩერება	bolo gachereba
horario (m)	განრიგი	ganrigi
billete (m)	ბილეთი	bileti
llegar tarde (vi)	დაგვიანება	dagvianeba
taxi (m)	ტაქსი	t'aksi
en taxi	ტაქსით	t'aksit
parada (f) de taxi	ტაქსის სადგომი	t'aksis sadgomi
tráfico (m)	ქუჩაში მოძრაობა	kuchashi modzraoba
horas (f pl) de punta	პიკის საათები	p'ik'is saatebi
aparcar (vi)	პარკირება	p'ark'ireba
metro (m)	მეტრო	met'ro
estación (f)	სადგური	sadguri
tren (m)	მატარებელი	mat'arebeli
estación (f)	ვაგზალი	vagzali
rieles (m pl)	რელსი	relsi
compartimiento (m)	კუპე	k'up'e
litera (f)	თარო	taro
avión (m)	თვითმფრინავი	tvitmprinavi
billete (m) de avión	ავიაბილეთი	aviabileti
compañía (f) aérea	ავიაკომპანია	aviak'omp'ania
aeropuerto (m)	აეროპორტი	aerop'ort'i
vuelo (m)	ფრენა	prena
equipaje (m)	ბარგი	bargi
carrito (m) de equipaje	ურიკა	urik'a
barco, buque (m)	გემი	gemi
trasatlántico (m)	ლაინერი	laineri
yate (m)	იახტა	iakht'a
bote (m) de remo	ნავი	navi
capitán (m)	კაპიტანი	k'ap'it'ani
camarote (m)	კაიუტა	k'aiut'a
puerto (m)	ნავსადგური	navsadguri
bicicleta (f)	ველოსიპედი	velosip'edi
scooter (m)	მოტოროლერი	mot'oroleri

motocicleta (f)	მოტოციკლი	mot'otsik'li
pedal (m)	პედალი	p'edali
bomba (f)	ტუმბო	t'umbo
rueda (f)	ბორბალი	borbali
coche (m)	ავტომობილი	avt'omobili
ambulancia (f)	სასწრაფო დახმარება	sasts'rapo dakhmareba
camión (m)	სატვირთო მანქანა	sat'virto mankana
de ocasión (adj)	ნახმარი	nakhmari
accidente (m)	ავარია	avaria
reparación (f)	რემონტი	remont'i

11. La comida. Unidad 1

carne (f)	ხორცი	khortsi
gallina (f)	ქათამი	katami
pato (m)	იხვი	ikhvi
carne (f) de cerdo	ღორის ხორცი	ghoris khortsi
carne (f) de ternera	ხბოს ხორცი	khbos khortsi
carne (f) de carnero	ცხვრის ხორცი	tskhvris khortsi
carne (f) de vaca	საქონლის ხორცი	sakonlis khortsi
salchichón (m)	ძეხვი	dzekhvi
huevo (m)	კვერცხი	k'vertskhi
pescado (m)	თევზი	tevzi
queso (m)	ყველი	qveli
azúcar (m)	შაქარი	shakari
sal (f)	მარილი	marili
arroz (m)	ბრინჯი	brinji
macarrones (m pl)	მაკარონი	mak'aroni
mantequilla (f)	კარაქი	k'araki
aceite (m) vegetal	მცენარეული ზეთი	mtsenarueli zeti
pan (m)	პური	p'uri
chocolate (m)	შოკოლადი	shok'oladi
vino (m)	ღვინო	ghvino
café (m)	ყავა	qava
leche (f)	რძე	rdze
zumo (m), jugo (m)	წვენი	ts'veni
cerveza (f)	ლუდი	ludi
té (m)	ჩაი	chai
tomate (m)	პომიდორი	p'omidori
pepino (m)	კიტრი	k'it'ri
zanahoria (f)	სტაფილო	st'apilo
patata (f)	კარტოფილი	k'art'opili
cebolla (f)	ხახვი	khakhvi
ajo (m)	ნიორი	niori

col (f)	კომბოსტო	k'ombost'o
remolacha (f)	ჭარხალი	ch'arkhali
berenjena (f)	ბადრიჯანი	badrijani
eneldo (m)	კამა	k'ama
lechuga (f)	სალათი	salati
maíz (m)	სიმინდი	simindi
fruto (m)	ხილი	khili
manzana (f)	ვაშლი	vashli
pera (f)	მსხალი	mskhali
limón (m)	ლიმონი	limoni
naranja (f)	ფორთოხალი	portokhali
fresa (f)	მარწყვი	marts'qvi
ciruela (f)	ქლიავი	kliavi
frambuesa (f)	ჟოლო	zholo
piña (f)	ანანასი	ananasi
banana (f)	ბანანი	banani
sandía (f)	საზამთრო	sazamtro
uva (f)	ყურძენი	qurdzeni
melón (m)	ნესვი	nesvi

12. La comida. Unidad 2

cocina (f)	სამზარეულო	samzareulo
receta (f)	რეცეპტი	retsep't'i
comida (f)	საჭმელი	sach'meli
desayunar (vi)	საუზმობა	sauzmoba
almorzar (vi)	სადილობა	sadiloba
cenar (vi)	ვახშმობა	vakhshmoba
sabor (m)	გემო	gemo
sabroso (adj)	გემრიელი	gemrieli
frío (adj)	ცივი	tsivi
caliente (adj)	ცხელი	tskheli
azucarado, dulce (adj)	ტკბილი	t'k'bili
salado (adj)	მლაშე	mlashe
bocadillo (m)	ბუტერბროდი	but'erbrodi
guarnición (f)	გარნირი	garniri
relleno (m)	შიგთავსი	shigtavsi
salsa (f)	სოუსი	sousi
pedazo (m)	ნაჭერი	nach'eri
dieta (f)	დიეტა	diet'a
vitamina (f)	ვიტამინი	vit'amini
caloría (f)	კალორია	k'aloria
vegetariano (m)	ვეგეტარიანელი	veget'arianeli
restaurante (m)	რესტორანი	rest'orani

cafetería (f)	ყავახანა	qavakhana
apetito (m)	მადა	mada
¡Que aproveche!	გაამოთ!	gaamot!

camarero (m)	ოფიციანტი	opitsiant'i
camarera (f)	ოფიციანტი	opitsiant'i
barman (m)	ბარმენი	barmeni
carta (f), menú (m)	მენიუ	meniu

cuchara (f)	კოვზი	k'ovzi
cuchillo (m)	დანა	dana
tenedor (m)	ჩანგალი	changali
taza (f)	ფინჯანი	pinjani

plato (m)	თეფში	tepshi
platillo (m)	ლამბაქი	lambaki
servilleta (f)	ხელსახოცი	khelsakhotsi
mondadientes (m)	კბილსაჩიჩქნი	k'bilsachichkni

pedir (vt)	შეკვეთა	shek'veta
plato (m)	კერძი	k'erdzi
porción (f)	ულუფა	ulupa
entremés (m)	საუზმეული	sauzmeuli
ensalada (f)	სალათი	salati
sopa (f)	წვნიანი	ts'vniani

postre (m)	დესერტი	desert'i
confitura (f)	მურაბა	muraba
helado (m)	ნაყინი	naqini
cuenta (f)	ანგარიში	angarishi
pagar la cuenta	ანგარიშის გადახდა	angarishis gadakhda
propina (f)	გასამრჯელო	gasamrjelo

13. La casa. El apartamento. Unidad 1

casa (f)	სახლი	sakhli
casa (f) de campo	ქალაქგარეთა სახლი	kalakgareta sakhli
villa (f)	ვილა	vila

piso (m), planta (f)	სართული	sartuli
entrada (f)	სადარბაზო	sadarbazo
pared (f)	კედელი	k'edeli
techo (m)	სახურავი	sakhuravi
chimenea (f)	მილი	mili

desván (m)	სხვენი	skhveni
ventana (f)	ფანჯარა	panjara
alféizar (m)	ფანჯრის რაფა	panjris rapa
balcón (m)	აივანი	aivani
escalera (f)	კიბე	k'ibe

buzón (m)	საფოსტო ყუთი	sapost'o quti
contenedor (m) de basura	სანაგვე ბაკი	sanagve bak'i
ascensor (m)	ლიფტი	lipt'i
electricidad (f)	ელექტრობა	elekt'roba
bombilla (f)	ნათურა	natura
interruptor (m)	ამომრთველი	amomrtveli
enchufe (m)	როზეტი	rozet'i
fusible (m)	დამცველი	damtsveli
puerta (f)	კარი	k'ari
tirador (m)	სახელური	sakheluri
llave (f)	გასაღები	gasaghebi
felpudo (m)	პატარა ნოხი	p'at'ara nokhi
cerradura (f)	საკეტი	sak'et'i
timbre (m)	ზარი	zari
toque (m) a la puerta	კაკუნი	k'ak'uni
tocar la puerta	კაკუნი	k'ak'uni
mirilla (f)	სათვალთვალო	satvaltvalo
patio (m)	ეზო	ezo
jardín (m)	ბაღი	baghi
piscina (f)	აუზი	auzi
gimnasio (m)	სპორტული დარბაზი	sp'ort'uli darbazi
cancha (f) de tenis	ჩოგბურთის კორტი	chogburtis k'ort'i
garaje (m)	ავტოფარეხი	avt'oparekhi
propiedad (f) privada	კერძო საკუთრება	k'erdzo sak'utreba
letrero (m) de aviso	გამაფრთხილებელი წარწერა	gamaprtkhilebeli ts'arts'era
seguridad (f)	დაცვა	datsva
guardia (m) de seguridad	მცველი	mtsveli
renovación (f)	რემონტი	remont'i
renovar (vt)	რემონტის კეთება	remont'is k'eteba
poner en orden	წესრიგში მოყვანა	ts'esrigshi moqvana
pintar (las paredes)	ღებვა	ghebva
empapelado (m)	შპალერი	shp'aleri
cubrir con barniz	გალაქვა	galakva
tubo (m)	მილი	mili
instrumentos (m pl)	ხელსაწყოები	khelsats'qoebi
sótano (m)	სარდაფი	sardapi
alcantarillado (m)	კანალიზაცია	k'analizatsia

14. La casa. El apartamento. Unidad 2

apartamento (m)	ბინა	bina
habitación (f)	ოთახი	otakhi

dormitorio (m)	საწოლი ოთახი	sats'oli otakhi
comedor (m)	სასადილო ოთახი	sasadilo otakhi

salón (m)	სასტუმრო ოთახი	sast'umro otakhi
despacho (m)	კაბინეტი	k'abinet'i
antecámara (f)	წინა ოთახი	ts'ina otakhi
cuarto (m) de baño	საბაზანო ოთახი	saabazano otakhi
servicio (m)	საპირფარეშო	sap'irparesho

suelo (m)	იატაკი	iat'ak'i
techo (m)	ჭერი	ch'eri

limpiar el polvo	მტვრის მოწმენდა	mt'vris mots'menda
aspirador (m), aspiradora (f)	მტვერსასრუტი	mt'versasrut'i
limpiar con la aspiradora	მტვერსასრუტით მოწმენდა	mt'versasrut'it mots'menda

fregona (f)	შვაბრა	shvabra
trapo (m)	ჩვარი	chvari
escoba (f)	ცოცხი	tsotskhi
cogedor (m)	აქანდაზი	akandazi
muebles (m pl)	ავეჯი	aveji
mesa (f)	მაგიდა	magida
silla (f)	სკამი	sk'ami
sillón (m)	სავარძელი	savardzeli

librería (f)	კარადა	k'arada
estante (m)	თარო	taro
armario (m)	კარადა	k'arada

espejo (m)	სარკე	sark'e
tapiz (m)	ხალიჩა	khalicha
chimenea (f)	ბუხარი	bukhari
cortinas (f pl)	ფარდები	pardebi
lámpara (f) de mesa	მაგიდის ლამპა	magidis lamp'a
lámpara (f) de araña	ჭაღი	ch'aghi

cocina (f)	სამზარეულო	samzareulo
cocina (f) de gas	გაზქურა	gazkura
cocina (f) eléctrica	ელექტროქურა	elekt'rokura
horno (m) microondas	მიკროტალღოვანი ღუმელი	mik'rot'alghovani ghumeli

frigorífico (m)	მაცივარი	matsivari
congelador (m)	საყინულე	saqinule
lavavajillas (m)	ჭურჭლის სარეცხი მანქანა	ch'urch'lis saretskhi mankana
grifo (m)	ონკანი	onk'ani

picadora (f) de carne	ხორცსაკეპი	khortssak'ep'i
exprimidor (m)	წვენსაწური	ts'vensats'uri
tostador (m)	ტოსტერი	t'ost'eri

batidora (f)	მიქსერი	mikseri
cafetera (f) (aparato de cocina)	ყავის სახარში	qavis sakharshi
hervidor (m) de agua	ჩაიდანი	chaidani
tetera (f)	ჩაიდანი	chaidani

televisor (m)	ტელევიზორი	t'elevizori
vídeo (m)	ვიდეომაგნიტოფონი	videomagnit'oponi
plancha (f)	უთო	uto
teléfono (m)	ტელეფონი	t'eleponi

15. Los trabajos. El estatus social

director (m)	დირექტორი	direkt'ori
superior (m)	უფროსი	uprosi
presidente (m)	პრეზიდენტი	p'rezident'i
asistente (m)	თანაშემწე	tanashemts'e
secretario, -a (m, f)	მდივანი	mdivani

propietario (m)	მფლობელი	mplobeli
socio (m)	პარტნიორი	p'art'niori
accionista (m)	აქციონერი	aktsioneri

hombre (m) de negocios	ბიზნესმენი	biznesmeni
millonario (m)	მილიონერი	milioneri
multimillonario (m)	მილიარდერი	miliarderi

actor (m)	მსახიობი	msakhiobi
arquitecto (m)	არქიტექტორი	arkit'ekt'ori
banquero (m)	ბანკირი	bank'iri
broker (m)	ბროკერი	brok'eri
veterinario (m)	ვეტერინარი	vet'erinari
médico (m)	ექიმი	ekimi
camarera (f)	მოახლე	moakhle
diseñador (m)	დიზაინერი	dizaineri
corresponsal (m)	კორესპონდენტი	k'oresp'ondent'i
repartidor (m)	კურიერი	k'urieri

electricista (m)	ელექტრიკოსი	elekt'rik'osi
músico (m)	მუსიკოსი	musik'osi
niñera (f)	ძიძა	dzidza
peluquero (m)	პარიკმახერი	p'arik'makheri
pastor (m)	მწყემსი	mts'qemsi

cantante (m)	მომღერალი	momgherali
traductor (m)	მთარგმნელი	mtargmneli
escritor (m)	მწერალი	mts'erali
carpintero (m)	ხურო	khuro
cocinero (m)	მზარეული	mzareuli
bombero (m)	მეხანძრე	mekhandzre

policía (m)	პოლიციელი	p'olitsieli
cartero (m)	ფოსტალიონი	post'alioni
programador (m)	პროგრამისტი	p'rogramist'i
vendedor (m)	გამყიდველი	gamqidveli
obrero (m)	მუშა	musha
jardinero (m)	მებაღე	mebaghe
fontanero (m)	სანტექნიკოსი	sant'eknik'osi
dentista (m)	სტომატოლოგი	st'omat'ologi
azafata (f)	სტიუარდესა	st'iuardesa
bailarín (m)	მოცეკვავე	motsek'vave
guardaespaldas (m)	მცველი	mtsveli
científico (m)	მეცნიერი	metsnieri
profesor (m) (~ de baile, etc.)	მასწავლებელი	masts'avlebeli
granjero (m)	ფერმერი	permeri
cirujano (m)	ქირურგი	kirurgi
minero (m)	მეშახტე	meshakht'e
jefe (m) de cocina	შეფ-მზარეული	shep-mzareuli
chofer (m)	მძღოლი	mdzgholi

16. Los deportes

tipo (m) de deporte	სპორტის სახეობა	sp'ort'is sakheoba
fútbol (m)	ფეხბურთი	pekhburti
hockey (m)	ჰოკეი	hok'ei
baloncesto (m)	კალათბურთი	k'alatburti
béisbol (m)	ბეისბოლი	beisboli
voleibol (m)	ფრენბურთი	prenburti
boxeo (m)	კრივი	k'rivi
lucha (f)	ჭიდაობა	ch'idaoba
tenis (m)	ჩოგბურთი	chogburti
natación (f)	ცურვა	tsurva
ajedrez (m)	ჭადრაკი	ch'adrak'i
carrera (f)	რბენა	rbena
atletismo (m)	მძლეოსნობა	mdzleosnoba
patinaje (m) artístico	ფიგურული სრიალი	piguruli sriali
ciclismo (m)	ველოსპორტი	velosp'ort'i
billar (m)	ბილიარდი	biliardi
culturismo (m)	ბოდიბილდინგი	bodibildingi
golf (m)	გოლფი	golpi
buceo (m)	დაივინგი	daivingi
vela (f)	საიალქნო სპორტი	saialkno sp'ort'i
tiro (m) con arco	მშვილდის სროლა	mshvildis srola
tiempo (m)	ტაიმი	t'aimi

descanso (m)	შესვენება	shesveneba
empate (m)	ფრე	pre
empatar (vi)	თამაშის ფრედ დამთავრება	tamashis pred damtavreba
cinta (f) de correr	სარბენი ბილიკი	sarbeni bilik'i
jugador (m)	მოთამაშე	motamashe
reserva (m)	სათადარიგო მოთამაშე	satadarigo motamashe
banquillo (m) de reserva	სათადარიგოთა სკამი	satadarigota sk'ami
match (m)	მატჩი	mat'chi
puerta (f)	კარი	k'ari
portero (m)	მეკარე	mek'are
gol (m)	გოლი	goli
Juegos (m pl) Olímpicos	ოლიმპიური თამაშები	olimp'iuri tamashebi
establecer un record	რეკორდის დამყარება	rek'ordis damqareba
final (m)	ფინალი	pinali
campeón (m)	ჩემპიონი	chemp'ioni
campeonato (m)	ჩემპიონატი	chemp'ionat'i
vencedor (m)	გამარჯვებული	gamarjvebuli
victoria (f)	გამარჯვება	gamarjveba
ganar (vi)	მოგება	mogeba
perder (vi)	წაგება	ts'ageba
medalla (f)	მედალი	medali
primer puesto (m)	პირველი ადგილი	p'irveli adgili
segundo puesto (m)	მეორე ადგილი	meore adgili
tercer puesto (m)	მესამე ადგილი	mesame adgili
estadio (m)	სტადიონი	st'adioni
hincha (m)	გულშემატკივარი	gulshemat'k'ivari
entrenador (m)	მწვრთნელი	mts'vrtneli
entrenamiento (m)	ვარჯიში	varjishi

17. Los idiomas extranjeros. La ortografía

lengua (f)	ენა	ena
estudiar (vt)	შესწავლა	shests'avla
pronunciación (f)	წარმოთქმა	ts'armotkma
acento (m)	აქცენტი	aktsent'i
sustantivo (m)	არსებითი სახელი	arsebiti sakheli
adjetivo (m)	ზედსართავი სახელი	zedsartavi sakheli
verbo (m)	ზმნა	zmna
adverbio (m)	ზმნიზედა	zmnizeda
pronombre (m)	ნაცვალსახელი	natsvalsakheli
interjección (f)	შორისდებული	shorisdebuli

preposición (f)	წინდებული	ts'indebuli
raíz (f), radical (m)	სიტყვის ძირი	sit'qvis dziri
desinencia (f)	დაბოლოება	daboloeba
prefijo (m)	წინსართი	ts'insarti
sílaba (f)	მარცვალი	martsvali
sufijo (m)	სუფიქსი	supiksi
acento (m)	მახვილი	makhvili
punto (m)	წერტილი	ts'ert'ili
coma (m)	მძიმე	mdzime
dos puntos (m pl)	ორწერტილი	orts'ert'ili
puntos (m pl) suspensivos	მრავალწერტილი	mravalts'ert'ili
pregunta (f)	კითხვა	k'itkhva
signo (m) de interrogación	კითხვის ნიშანი	k'itkhvis nishani
signo (m) de admiración	ძახილის ნიშანი	dzakhilis nishani
entre comillas	ბრჭყალებში	brch'qalebshi
entre paréntesis	ფრჩხილებში	prchkhilebshi
letra (f)	ასო	aso
letra (f) mayúscula	დიდი ასო	didi aso
oración (f)	წინადადება	ts'inadadeba
combinación (f) de palabras	შესიტყვება	shesit'qveba
expresión (f)	გამოთქმა	gamotkma
sujeto (m)	ქვემდებარე	kvemdebare
predicado (m)	შემასმენელი	shemasmeneli
línea (f)	სტრიქონი	st'rikoni
párrafo (m)	აბზაცი	abzatsi
sinónimo (m)	სინონიმი	sinonimi
antónimo (m)	ანტონიმი	ant'onimi
excepción (f)	გამონაკლისი	gamonak'lisi
subrayar (vt)	ხაზის გასმა	khazis gasma
reglas (f pl)	წესები	ts'esebi
gramática (f)	გრამატიკა	gramat'ik'a
vocabulario (m)	ლექსიკა	leksik'a
fonética (f)	ფონეტიკა	ponet'ik'a
alfabeto (m)	ანბანი	anbani
manual (m)	სახელმძღვანელო	sakhelmdzghvanelo
diccionario (m)	ლექსიკონი	leksik'oni
guía (f) de conversación	სასაუბრო	sasaubro
palabra (f)	სიტყვა	sit'qva
significado (m)	მნიშვნელობა	mnishvneloba
memoria (f)	მეხსიერება	mekhsiereba

18. La Tierra. La geografía

Tierra (f)	დედამიწა	dedamits'a
globo (m) terrestre	დედამიწის სფერო	dedamits'is spero
planeta (m)	პლანეტა	p'lanet'a
geografía (f)	გეოგრაფია	geograpia
naturaleza (f)	ბუნება	buneba
mapa (m)	რუქა	ruka
atlas (m)	ატლასი	at'lasi
en el norte	ჩრდილოეთში	chrdiloetshi
en el sur	სამხრეთში	samkhretshi
en el oeste	დასავლეთში	dasavletshi
en el este	აღმოსავლეთში	aghmosavletshi
mar (m)	ზღვა	zghva
océano (m)	ოკეანე	ok'eane
golfo (m)	ყურე	qure
estrecho (m)	სრუტე	srut'e
continente (m)	მატერიკი	mat'erik'i
isla (f)	კუნძული	k'undzuli
península (f)	ნახევარკუნძული	nakhevark'undzuli
archipiélago (m)	არქიპელაგი	arkip'elagi
ensenada, bahía (f)	ნავსადგური	navsadguri
arrecife (m) de coral	მარჯნის რიფი	marjnis ripi
orilla (f)	ნაპირი	nap'iri
costa (f)	სანაპირო	sanap'iro
flujo (m)	მოქცევა	moktseva
reflujo (m)	მიქცევა	miktseva
latitud (f)	განედი	ganedi
longitud (f)	გრძედი	grdzedi
paralelo (m)	პარალელი	p'araleli
ecuador (m)	ეკვატორი	ek'vat'ori
cielo (m)	ცა	tsa
horizonte (m)	ჰორიზონტი	horizont'i
atmósfera (f)	ატმოსფერო	at'mospero
montaña (f)	მთა	mta
cima (f)	მწვერვალი	mts'vervali
roca (f)	კლდე	k'lde
colina (f)	ბორცვი	bortsvi
volcán (m)	ვულკანი	vulk'ani
glaciar (m)	მყინვარი	mqinvari
cascada (f)	ჩანჩქერი	chanchkeri

llanura (f)	ვაკე	vak'e
río (m)	მდინარე	mdinare
manantial (m)	წყარო	ts'qaro
ribera (f)	ნაპირი	nap'iri
río abajo (adv)	დინების ქვემოთ	dinebis kvemot
río arriba (adv)	დინების ზემოთ	dinebis zemot
lago (m)	ტბა	t'ba
presa (f)	კაშხალი	k'ashkhali
canal (m)	არხი	arkhi
pantano (m)	ჭაობი	ch'aobi
hielo (m)	ყინული	qinuli

19. Los países. Unidad 1

Europa (f)	ევროპა	evrop'a
Unión (f) Europea	ევროპის კავშირი	evrop'is k'avshiri
europeo (m)	ევროპელი	evrop'eli
europeo (adj)	ევროპული	evrop'uli
Austria (f)	ავსტრია	avst'ria
Gran Bretaña (f)	დიდი ბრიტანეთი	didi brit'aneti
Inglaterra (f)	ინგლისი	inglisi
Bélgica (f)	ბელგია	belgia
Alemania (f)	გერმანია	germania
Países Bajos (m pl)	ნიდერლანდები	niderlandebi
Holanda (f)	ჰოლანდია	holandia
Grecia (f)	საბერძნეთი	saberdzneti
Dinamarca (f)	დანია	dania
Irlanda (f)	ირლანდია	irlandia
Islandia (f)	ისლანდია	islandia
España (f)	ესპანეთი	esp'aneti
Italia (f)	იტალია	it'alia
Chipre (m)	კვიპროსი	k'vip'rosi
Malta (f)	მალტა	malt'a
Noruega (f)	ნორვეგია	norvegia
Portugal (m)	პორტუგალია	p'ort'ugalia
Finlandia (f)	ფინეთი	pineti
Francia (f)	საფრანგეთი	saprangeti
Suecia (f)	შვეცია	shvetsia
Suiza (f)	შვეიცარია	shveitsaria
Escocia (f)	შოტლანდია	shot'landia
Vaticano (m)	ვატიკანი	vat'ik'ani
Liechtenstein (m)	ლიხტენშტეინი	likht'ensht'eini
Luxemburgo (m)	ლუქსემბურგი	luksemburgi
Mónaco (m)	მონაკო	monak'o

Albania (f)	ალბანეთი	albaneti
Bulgaria (f)	ბულგარეთი	bulgareti
Hungría (f)	უნგრეთი	ungreti
Letonia (f)	ლატვია	lat'via

Lituania (f)	ლიტვა	lit'va
Polonia (f)	პოლონეთი	p'oloneti
Rumania (f)	რუმინეთი	rumineti
Serbia (f)	სერბია	serbia
Eslovaquia (f)	სლოვაკია	slovak'ia

Croacia (f)	ხორვატია	khorvat'ia
Chequia (f)	ჩეხეთი	chekheti
Estonia (f)	ესტონეთი	est'oneti
Bosnia y Herzegovina	ბოსნია და ჰერცოგოვინა	bosnia da hertsogovina
Macedonia	მაკედონია	mak'edonia

Eslovenia	სლოვენია	slovenia
Montenegro (m)	ჩერნოგორია	chernogoria
Bielorrusia (f)	ბელორუსია	belorusia
Moldavia (f)	მოლდოვა	moldova
Rusia (f)	რუსეთი	ruseti
Ucrania (f)	უკრაინა	uk'raina

20. Los países. Unidad 2

Asia (f)	აზია	azia
Vietnam (m)	ვიეტნამი	viet'nami
India (f)	ინდოეთი	indoeti
Israel (m)	ისრაელი	israeli
China (f)	ჩინეთი	chineti

Líbano (m)	ლიბანი	libani
Mongolia (f)	მონღოლეთი	mongholeti
Malasia (f)	მალაიზია	malaizia
Pakistán (m)	პაკისტანი	p'ak'ist'ani
Arabia (f) Saudita	საუდის არაბეთი	saudis arabeti

Tailandia (f)	ტაილანდი	t'ailandi
Taiwán (m)	ტაივანი	t'aivani
Turquía (f)	თურქეთი	turketi
Japón (m)	იაპონია	iap'onia
Afganistán (m)	ავღანეთი	avghaneti

Bangladesh (m)	ბანგლადეში	bangladeshi
Indonesia (f)	ინდონეზია	indonezia
Jordania (f)	იორდანია	iordania
Irak (m)	ერაყი	eraqi
Irán (m)	ირანი	irani
Camboya (f)	კამბოჯა	k'amboja

Kuwait (m)	კუვეიტი	k'uveit'i
Laos (m)	ლაოსი	laosi
Myanmar (m)	მიანმარი	mianmari
Nepal (m)	ნეპალი	nep'ali
Emiratos (m pl) Árabes Unidos	აგს	ags
Siria (f)	სირია	siria
Palestina (f)	პალესტინის ავტონომია	p'alest'inis avt'onomia
Corea (f) del Sur	სამხრეთ კორეა	samkhret k'orea
Corea (f) del Norte	ჩრდილოეთ კორეა	chrdiloet k'orea
Estados Unidos de América	ამერიკის შეერთებული შტატები	amerik'is sheertebuli sht'at'ebi
Canadá (f)	კანადა	k'anada
Méjico (m)	მექსიკა	meksik'a
Argentina (f)	არგენტინა	argent'ina
Brasil (m)	ბრაზილია	brazilia
Colombia (f)	კოლუმბია	k'olumbia
Cuba (f)	კუბა	k'uba
Chile (m)	ჩილე	chile
Venezuela (f)	ვენესუელა	venesuela
Ecuador (m)	ეკვადორი	ek'vadori
Islas (f pl) Bahamas	ბაჰამის კუნძულები	bahamis k'undzulebi
Panamá (f)	პანამა	p'anama
Egipto (m)	ეგვიპტე	egvip't'e
Marruecos (m)	მაროკო	marok'o
Túnez (m)	ტუნისი	t'unisi
Kenia (f)	კენია	k'enia
Libia (f)	ლივია	livia
República (f) Sudafricana	სამხრეთ აფრიკის რესპუბლიკა	samkhret aprik'is resp'ublik'a
Australia (f)	ავსტრალია	avst'ralia
Nueva Zelanda (f)	ახალი ზელანდია	akhali zelandia

21. El tiempo. Los desastres naturales

tiempo (m)	ამინდი	amindi
previsión (f) del tiempo	ამინდის პროგნოზი	amindis p'rognozi
temperatura (f)	ტემპერატურა	t'emp'erat'ura
termómetro (m)	თერმომეტრი	termomet'ri
barómetro (m)	ბარომეტრი	baromet'ri
sol (m)	მზე	mze
brillar (vi)	ანათებს	anatebs
soleado (un día ~)	მზიანი	mziani
elevarse (el sol)	ამოსვლა	amosvla

ponerse (vr)	ჩასვლა	chasvla
lluvia (f)	წვიმა	ts'vima
está lloviendo	წვიმა მოდის	ts'vima modis
aguacero (m)	კოკისპირული	k'ok'isp'iruli
nubarrón (m)	ღრუბელი	ghrubeli
charco (m)	გუბე	gube
mojarse (vr)	დასველება	dasveleba
tormenta (f)	ჭექა	ch'eka
relámpago (m)	მეხი	mekhi
relampaguear (vi)	ელვარება	elvareba
trueno (m)	ქუხილი	kukhili
está tronando	ქუხს	kukhs
granizo (m)	სეტყვა	set'qva
está granizando	სეტყვა მოდის	set'qva modis
bochorno (m)	სიცხე	sitskhe
hace mucho calor	ცხელი	tskheli
hace calor (templado)	თბილა	tbila
hace frío	სიცივე	sitsive
niebla (f)	ნისლი	nisli
nebuloso (adj)	ნისლიანი	nisliani
nube (f)	ღრუბელი	ghrubeli
nuboso (adj)	ღრუბლიანი	ghrubliani
humedad (f)	ტენიანობა	t'enianoba
nieve (f)	თოვლი	tovli
está nevando	თოვლი მოდის	tovli modis
helada (f)	ყინვა	qinva
bajo cero (adv)	ნულს ქვემოთ	nuls kvemot
escarcha (f)	თრთვილი	trtvili
mal tiempo (m)	უამინდობა	uamindoba
catástrofe (f)	კატასტროფა	k'at'ast'ropa
inundación (f)	წყალდიდობა	ts'qaldidoba
avalancha (f)	ზვავი	zvavi
terremoto (m)	მიწისძვრა	mits'isdzvra
sacudida (f)	ბიძგი	bidzgi
epicentro (m)	ეპიცენტრი	ep'itsent'ri
erupción (f)	ამოფრქვევა	amoprkveva
lava (f)	ლავა	lava
tornado (m)	ტორნადო	t'ornado
torbellino (m)	გრიგალი	grigali
huracán (m)	გრიგალი	grigali
tsunami (m)	ცუნამი	tsunami
ciclón (m)	ციკლონი	tsik'loni

22. Los animales. Unidad 1

animal (m)	ცხოველი	tskhoveli
carnívoro (m)	მტაცებელი	mt'atsebeli
tigre (m)	ვეფხვი	vepkhvi
león (m)	ლომი	lomi
lobo (m)	მგელი	mgeli
zorro (m)	მელა	mela
jaguar (m)	იაგუარი	iaguari
lince (m)	ფოცხვერი	potskhveri
coyote (m)	კოიოტი	k'oiot'i
chacal (m)	ტურა	t'ura
hiena (f)	გიენა	giena
ardilla (f)	ციყვი	tsiqvi
erizo (m)	ზღარბი	zgharbi
conejo (m)	ბოცვერი	botsveri
mapache (m)	ენოტი	enot'i
hámster (m)	ზაზუნა	zazuna
topo (m)	თხუნელა	tkhunela
ratón (m)	თაგვი	tagvi
rata (f)	ვირთხა	virtkha
murciélago (m)	ღამურა	ghamura
castor (m)	თახვი	takhvi
caballo (m)	ცხენი	tskheni
ciervo (m)	ირემი	iremi
camello (m)	აქლემი	aklemi
cebra (f)	ზებრა	zebra
ballena (f)	ვეშაპი	veshap'i
foca (f)	სელაპი	selap'i
morsa (f)	ლომვეშაპი	lomveshap'i
delfín (m)	დელფინი	delpini
oso (m)	დათვი	datvi
mono (m)	მაიმუნი	maimuni
elefante (m)	სპილო	sp'ilo
rinoceronte (m)	მარტორქა	mart'orka
jirafa (f)	ჟირაფი	zhirapi
hipopótamo (m)	ბეჰემოთი	behemoti
canguro (m)	კენგურუ	k'enguru
gata (f)	კატა	k'at'a
vaca (f)	ძროხა	dzrokha
toro (m)	ხარი	khari
oveja (f)	დედალი ცხვარი	dedali tskhvari

cabra (f)	თხა	tkha
asno (m)	ვირი	viri
cerdo (m)	ღორი	ghori
gallina (f)	ქათამი	katami
gallo (m)	მამალი	mamali
pato (m)	იხვი	ikhvi
ganso (m)	ბატი	bat'i
pava (f)	დედალი ინდაური	dedali indauri
perro (m) pastor	ნაგაზი	nagazi

23. Los animales. Unidad 2

pájaro (m)	ფრინველი	prinveli
paloma (f)	მტრედი	mt'redi
gorrión (m)	ბეღურა	beghura
carbonero (m)	წიწკანა	ts'its'k'ana
urraca (f)	კაჭკაჭი	k'ach'k'ach'i
águila (f)	არწივი	arts'ivi
azor (m)	ქორი	kori
halcón (m)	შევარდენი	shevardeni
cisne (m)	გედი	gedi
grulla (f)	წერო	ts'ero
cigüeña (f)	ყარყატი	qarqat'i
loro (m), papagayo (m)	თუთიყუში	tutiqushi
pavo (m) real	ფარშევანგი	parshevangi
avestruz (m)	სირაქლემა	siraklema
garza (f)	ყანჩა	qancha
ruiseñor (m)	ბულბული	bulbuli
golondrina (f)	მერცხალი	mertskhali
pájaro carpintero (m)	კოდალა	k'odala
cuco (m)	გუგული	guguli
lechuza (f)	ბუ	bu
pingüino (m)	პინგვინი	p'ingvini
atún (m)	თინუსი	tinusi
trucha (f)	კალმახი	k'almakhi
anguila (f)	გველთევზა	gveltevza
tiburón (m)	ზვიგენი	zvigeni
centolla (f)	კიბორჩხალა	k'iborchkhala
medusa (f)	მედუზა	meduza
pulpo (m)	რვაფეხა	rvapekha
estrella (f) de mar	ზღვის ვარსკვლავი	zghvis varsk'vlavi
erizo (m) de mar	ზღვის ზღარბი	zghvis zgharbi
caballito (m) de mar	ცხენთევზა	tskhentevza

camarón (m)	კრევეტი	k'revet'i
serpiente (f)	გველი	gveli
víbora (f)	გველგესლა	gvelgesla
lagarto (m)	ხვლიკი	khvlik'i
iguana (f)	იგუანა	iguana
camaleón (m)	ქამელეონი	kameleoni
escorpión (m)	მორიელი	morieli
tortuga (f)	კუ	k'u
rana (f)	ბაყაყი	baqaqi
cocodrilo (m)	ნიანგი	niangi
insecto (m)	მწერი	mts'eri
mariposa (f)	პეპელა	p'ep'ela
hormiga (f)	ჭიანჭველა	ch'ianch'vela
mosca (f)	ბუზი	buzi
mosquito (m) (picadura de ~)	კოღო	k'ogho
escarabajo (m)	ხოჭო	khoch'o
abeja (f)	ფუტკარი	put'k'ari
araña (f)	ობობა	oboba
mariquita (f)	ჭია მაია	ch'ia maia

24. Los árboles. Las plantas

árbol (m)	ხე	khe
abedul (m)	არყის ხე	arqis khe
roble (m)	მუხა	mukha
tilo (m)	ცაცხვი	tsatskhvi
pobo (m)	ვერხვი	verkhvi
arce (m)	ნეკერჩხალი	nek'erchkhali
pícea (f)	ნაძვის ხე	nadzvis khe
pino (m)	ფიჭვი	pich'vi
cedro (m)	კედარი	k'edari
álamo (m)	ალვის ხე	alvis khe
serbal (m)	ცირცელი	tsirtseli
haya (f)	წიფელი	ts'ipeli
olmo (m)	თელა	tela
fresno (m)	იფანი	ipani
castaño (m)	წაბლი	ts'abli
palmera (f)	პალმა	p'alma
mata (f)	ბუჩქი	buchki
seta (f)	სოკო	sok'o
seta (f) venenosa	შხამიანი სოკო	shkhamiani sok'o
seta calabaza (f)	თეთრი სოკო	tetri sok'o
rúsula (f)	ბღავანა	bghavana

matamoscas (m)	ბუზიხოცია	buzikhotsia
oronja (f) verde	შხამა	shkhama
flor (f)	ყვავილი	qvavili
ramo (m) de flores	თაიგული	taiguli
rosa (f)	ვარდი	vardi
tulipán (m)	ტიტა	t'it'a
clavel (m)	მიხაკი	mikhak'i
manzanilla (f)	გვირილა	gvirila
cacto (m)	კაქტუსი	k'akt'usi
muguete (m)	შროშანა	shroshana
campanilla (f) de las nieves	ენძელა	endzela
nenúfar (m)	წყლის შროშანი	ts'qlis shroshani
invernadero (m) tropical	ორანჟერეა	oranzherea
césped (m)	გაზონი	gazoni
macizo (m) de flores	ყვავილნარი	qvavilnari
planta (f)	მცენარე	mtsenare
hierba (f)	ბალახი	balakhi
hoja (f)	ფოთოლი	potoli
pétalo (m)	ფურცელი	purtseli
tallo (m)	ღერო	ghero
retoño (m)	ღივი	ghivi
cereales (m pl) (plantas)	მარცვლეული მცენარე	martsvleuli mtsenare
trigo (m)	ხორბალი	khorbali
centeno (m)	ჭვავი	ch'vavi
avena (f)	შვრია	shvria
mijo (m)	ფეტვი	pet'vi
cebada (f)	ქერი	keri
maíz (m)	სიმინდი	simindi
arroz (m)	ბრინჯი	brinji

25. Varias palabras útiles

alto (m) (parada temporal)	შეჩერება	shechereba
ayuda (f)	დახმარება	dakhmareba
balance (m)	ბალანსი	balansi
base (f) (~ científica)	ბაზა	baza
categoría (f)	კატეგორია	k'at'egoria
coincidencia (f)	დამთხვევა	damtkhveva
comienzo (m) (principio)	დასაწყისი	dasats'qisi
comparación (f)	შედარება	shedareba
desarrollo (m)	განვითარება	ganvitareba
diferencia (f)	განსხვავება	ganskhvaveba
efecto (m)	ეფექტი	epekt'i

ejemplo (m)	მაგალითი	magaliti
variedad (f) (selección)	არჩევანი	archevani
elemento (m)	ელემენტი	element'i
error (m)	შეცდომა	shetsdoma
esfuerzo (m)	ძალისხმევა	dzaliskhmeva
estándar (adj)	სტანდარტული	st'andart'uli
estilo (m)	სტილი	st'ili
forma (f) (contorno)	ფორმა	porma
grado (m) (en mayor ~)	ხარისხი	khariskhi
hecho (m)	ფაქტი	pakt'i
ideal (m)	იდეალი	ideali
modo (m) (de otro ~)	საშუალება	sashualeba
momento (m)	მომენტი	moment'i
obstáculo (m)	დაბრკოლება	dabrk'oleba
parte (f)	ნაწილი	nats'ili
pausa (f)	პაუზა	p'auza
posición (f)	პოზიცია	p'ozitsia
problema (m)	პრობლემა	p'roblema
proceso (m)	პროცესი	p'rotsesi
progreso (m)	პროგრესი	p'rogresi
propiedad (f) (cualidad)	თვისება	tviseba
reacción (f)	რეაქცია	reaktsia
riesgo (m)	რისკი	risk'i
secreto (m)	საიდუმლო	saidumlo
serie (f)	სერია	seria
sistema (m)	სისტემა	sist'ema
situación (f)	სიტუაცია	sit'uatsia
solución (f)	ამოხსნა	amokhsna
tabla (f) (~ de multiplicar)	ტაბულა	t'abula
tempo (m) (ritmo)	ტემპი	t'emp'i
término (m)	ტერმინი	t'ermini
tipo (m) (p.ej. ~ de deportes)	სახეობა	sakheoba
turno (m) (esperar su ~)	რიგი	rigi
urgente (adj)	სასწრაფო	sasts'rapo
utilidad (f)	სარგებელი	sargebeli
variante (f)	ვარიანტი	variant'i
verdad (f)	ჭეშმარიტება	ch'eshmarit'eba
zona (f)	ზონა	zona

26. Los adjetivos. Unidad 1

abierto (adj)	ღია	ghia
adicional (adj)	დამატებითი	damat'ebiti

agrio (sabor ~)	მჟავე	mzhave
agudo (adj)	ბასრი	basri
amargo (adj)	მწარე	mts'are
amplio (~a habitación)	ფართე	parte
antiguo (adj)	ძველი	dzveli
arriesgado (adj)	სარისკო	sarisk'o
artificial (adj)	ხელოვნური	khelovnuri
azucarado, dulce (adj)	ტკბილი	t'k'bili
bajo (voz ~a)	ჩუმი	chumi
bello (hermoso)	ლამაზი	lamazi
blando (adj)	რბილი	rbili
bronceado (adj)	მზემოკიდებული	mzemok'idebuli
central (adj)	ცენტრალური	tsent'raluri
ciego (adj)	ბრმა	brma
clandestino (adj)	იატაკქვეშა	iat'ak'kvesha
compatible (adj)	თავსებადი	tavsebadi
congelado (pescado ~)	გაყინული	gaqinuli
contento (adj)	კმაყოფილი	k'maqopili
continuo (adj)	ხანგრძლივი	khangrdzlivi
cortés (adj)	ზრდილობიანი	zrdilobiani
corto (adj)	მოკლე	mok'le
crudo (huevos ~s)	უმი	umi
de segunda mano	ხმარებაში ნამყოფი	khmarebashi namqopi
denso (~a niebla)	მჭიდრო	mch'idro
derecho (adj)	მარჯვენა	marjvena
difícil (decisión)	ძნელი	dzneli
dulce (agua ~)	მტკნარი	mt'k'nari
duro (material, etc.)	მყარი	mqari
enfermo (adj)	ავადმყოფი	avadmqopi
enorme (adj)	უზარმაზარი	uzarmazari
especial (adj)	სპეციალური	sp'etsialuri
estrecho (calle, etc.)	ვიწრო	vits'ro
exacto (adj)	ზუსტი	zust'i
excelente (adj)	წარჩინებული	ts'archinebuli
excesivo (adj)	უზომო	uzomo
exterior (adj)	გარეგანი	paregani
fácil (adj)	უბრალო	ubralo
feliz (adj)	ბედნიერი	bednieri
fértil (la tierra ~)	ნაყოფიერი	naqopieri
frágil (florero, etc.)	მყიფე	mqipe
fuerte (~ voz)	ხმამაღალი	khmamaghali
fuerte (adj)	ძლიერი	dzlieri
grande (en dimensiones)	დიდი	didi
gratis (adj)	უფასო	upaso

importante (adj)	მნიშვნელოვანი	mnishvnelovani
infantil (adj)	საბავშვო	sabavshvo
inmóvil (adj)	უმოძრაო	umodzrao
inteligente (adj)	ჭკვიანი	ch'k'viani
interior (adj)	შინაგანი	shinagani
izquierdo (adj)	მარცხენა	martskhena

27. Los adjetivos. Unidad 2

largo (camino)	გრძელი	grdzeli
legal (adj)	კანონიერი	k'anonieri
ligero (un metal ~)	მსუბუქი	msubuki
limpio (camisa ~)	სუფთა	supta
líquido (adj)	თხევადი	tkhevadi

liso (piel, pelo, etc.)	გლუვი	gluvi
lleno (adj)	სავსე	savse
maduro (fruto, etc.)	მწიფე	mts'ipe
malo (adj)	ცუდი	tsudi
mate (sin brillo)	მქრქალი	mkrkali

misterioso (adj)	იდუმალი	idumali
muerto (adj)	მკვდარი	mk'vdari
natal (país ~)	მშობლიური	mshobliuri
negativo (adj)	უარყოფითი	uarqopiti
no difícil (adj)	მარტივი	mart'ivi

normal (adj)	ნორმალური	normaluri
nuevo (adj)	ახალი	akhali
obligatorio (adj)	აუცილებელი	autsilebeli
opuesto (adj)	საწინააღმდეგო	sats'inaaghmdego
ordinario (adj)	ჩვეულებრივი	chveulebrivi

original (inusual)	ორიგინალური	originaluri
peligroso (adj)	საშიში	sashishi
pequeño (adj)	პაწაწინა	p'ats'ats'ina
perfecto (adj)	შესანიშნავი	shesanishnavi
personal (adj)	კერძო	k'erdzo
pobre (adj)	ღარიბი	gharibi

poco claro (adj)	ბუნდოვანი	bundovani
poco profundo (adj)	თხელი	tkheli
posible (adj)	შესაძლებელი	shesadzlebeli
principal (~ idea)	ძირითადი	dziritadi
principal (la entrada ~)	მთავარი	mtavari

probable (adj)	უეჭველი	uech'veli
público (adj)	საზოგადო	sazogado
rápido (adj)	სწრაფი	sts'rapi
raro (adj)	იშვიათი	ishviati

recto (línea ~a)	სწორი	sts'ori
sabroso (adj)	გემრიელი	gemrieli
siguiente (avión, etc.)	შემდეგი	shemdegi
similar (adj)	მსგავსი	msgavsi
sólido (~a pared)	მტკიცე	mt'k'itse
sucio (no limpio)	ჭუჭყიანი	ch'uch'qiani
tonto (adj)	სულელი	suleli

triste (mirada ~)	დარდიანი	dardiani
último (~a oportunidad)	ბოლო	bolo
último (~a vez)	წარსული	ts'arsuli
vacío (vaso medio ~)	ცარიელი	tsarieli
viejo (casa ~a)	მოხუცი	mokhutsi

28. Los verbos. Unidad 1

abrir (vt)	გაღება	gagheba
acabar, terminar (vt)	დამთავრება	damtavreba
acusar (vt)	დაბრალება	dabraleba
agradecer (vt)	მადლობა	madloba
almorzar (vi)	სადილობა	sadiloba
alquilar (~ una casa)	დაქირავება	dakiraveba

anular (vt)	გაუქმება	gaukmeba
anunciar (vt)	გამოცხადება	gamotskhadeba
apagar (vt)	გამორთვა	gamortva
autorizar (vt)	ნებართვა	nebartva
ayudar (vt)	დახმარება	dakhmareba

bailar (vi, vt)	ცეკვა	tsek'va
beber (vi, vt)	სმა	sma
borrar (vt)	წაშლა	ts'ashla
bromear (vi)	ხუმრობა	khumroba
bucear (vi)	ყვინთვა	qvintva
caer (vi)	ვარდნა	vardna

cambiar (vt)	შეცვლა	shetsvla
cantar (vi)	გალობა	galoba
cavar (vt)	თხრა	tkhra
cazar (vi, vt)	ნადირობა	nadiroba
cenar (vi)	ვახშმობა	vakhshmoba

cerrar (vt)	დაკეტვა	dak'et'va
cesar (vt)	შეწყვეტა	shets'qvet'a
coger (vt)	ჭერა	ch'era
comenzar (vt)	დაწყება	dats'qeba
comer (vi, vt)	ჭამა	ch'ama
comparar (vt)	შედარება	shedareba
comprar (vt)	ყიდვა	qidva
comprender (vt)	გაგება	gageba

confiar (vt)	ნდობა	ndoba
confirmar (vt)	დადასტურება	dadast'ureba
conocer (~ a alguien)	ცნობა	tsnoba
construir (vt)	აშენება	asheneba
contar (una historia)	მოყოლა	moqola
contar (vt) (enumerar)	დათვლა	datvla
contar con ...	იმედის ქონა	imedis kona
copiar (vt)	კოპირება	k'op'ireba
correr (vi)	გაქცევა	gaktseva
costar (vt)	ღირება	ghireba
crear (vt)	შექმნა	shekmna
creer (en Dios)	რწმენა	rts'mena
dar (vt)	მიცემა	mitsema
decidir (vt)	გადაწყვეტა	gadats'qvet'a
decir (vt)	თქმა	tkma
dejar caer	ხელიდან გავარდნა	khelidan gavardna
depender de ...	დამოკიდებულება	damok'idebuleba
desaparecer (vi)	გაუჩინარება	gauchinareba
desayunar (vi)	საუზმობა	sauzmoba
despreciar (vt)	ზიზღი	zizghi
disculpar (vt)	პატიება	p'at'ieba
disculparse (vr)	ბოდიშის მოხდა	bodishis mokhda
discutir (vt)	განხილვა	gankhilva
divorciarse (vr)	განქორწინება	gankorts'ineba
dudar (vt)	დაეჭვება	daech'veba

29. Los verbos. Unidad 2

encender (vt)	ჩართვა	chartva
encontrar (hallar)	პოვნა	p'ovna
encontrarse (vr)	შეხვედრა	shekhvedra
engañar (vi, vt)	მოტყუება	mot'queba
enviar (vt)	გაგზავნა	gagzavna
equivocarse (vr)	შეცდომა	shetsdoma
escoger (vt)	არჩევა	archeva
esconder (vt)	დამალვა	damalva
escribir (vt)	წერა	ts'era
esperar (aguardar)	ლოდინი	lodini
esperar (tener esperanza)	იმედოვნება	imedovneba
estar ausente	არდასწრება	ardasts'reba
estar cansado	დაღლა	daghla
estar de acuerdo	დათანხმება	datankhmeba
estudiar (vt)	შესწავლა	shests'avla
exigir (vt)	მოთხოვნა	motkhovna

existir (vi)	არსებობა	arseboba
explicar (vt)	ახსნა	akhsna
faltar (a las clases)	გაცდენა	gatsdena
felicitar (vt)	მილოცვა	milotsva
firmar (~ el contrato)	ხელის მოწერა	khelis mots'era
girar (~ a la izquierda)	მობრუნება	mobruneba
gritar (vi)	ყვირილი	qvirili

guardar (conservar)	შენახვა	shenakhva
gustar (vi)	მოწონება	mots'oneba
hablar (vi, vt)	ლაპარაკი	lap'arak'i
hablar con …	ლაპარაკი	lap'arak'i
hacer (vt)	კეთება	k'eteba

hacer la limpieza	დალაგება	dalageba
insistir (vi)	დაჟინება	dazhineba
insultar (vt)	შეურაცხყოფა	sheuratskhqopa
invitar (vt)	მოწვევა	mots'veva
ir (a pie)	სვლა	svla

jugar (divertirse)	თამაში	tamashi
leer (vi, vt)	კითხვა	k'itkhva
llegar (vi)	ჩამოსვლა	chamosvla
llorar (vi)	ტირილი	t'irili
matar (vt)	მოკვლა	mok'vla
mirar a …	ყურება	qureba

molestar (vt)	ხელის შეშლა	khelis sheshla
morir (vi)	მოკვდომა	mok'vdoma
mostrar (vt)	ჩვენება	chveneba
nacer (vi)	დაბადება	dabadeba
nadar (vi)	ცურვა	tsurva
negar (vt)	უარყოფა	uarqopa

obedecer (vi, vt)	დამორჩილება	damorchileba
odiar (vt)	სიძულვილი	sidzulvili
oír (vt)	სმენა	smena
olvidar (vt)	დავიწყება	davits'qeba
orar (vi)	ლოცვა	lotsva

30. Los verbos. Unidad 3

pagar (vi, vt)	გადახდა	gadakhda
participar (vi)	მონაწილეობის მიღება	monats'ileobis migheba
pegar (golpear)	დარტყმა	dart'qma
pelear (vi)	ჩხუბი	chkhubi
pensar (vi, vt)	ფიქრი	pikri
perder (paraguas, etc.)	დაკარგვა	dak'argva
perdonar (vt)	პატიება	p'at'ieba
pertenecer a …	კუთვნება	k'utvneba

poder (v aux)	შეძლება	shedzleba
poder (v aux)	შეძლება	shedzleba
preguntar (vt)	კითხვა	k'itkhva
preparar (la cena)	მზადება	mzadeba
prever (vt)	გათვალისწინება	gatvalists'ineba
probar (vt)	დამტკიცება	damt'k'itseba
prohibir (vt)	აკრძალვა	ak'rdzalva
prometer (vt)	დაპირება	dap'ireba
proponer (vt)	შეთავაზება	shetavazeba
quebrar (vt)	ტეხა	t'ekha
quejarse (vr)	ჩივილი	chivili
querer (amar)	სიყვარული	siqvaruli
querer (desear)	ნდომა	ndoma
recibir (vt)	მიღება	migheba
repetir (vt)	გამეორება	gameoreba
reservar (~ una mesa)	რეზერვირება	rezervireba
responder (vi, vt)	პასუხის გაცემა	p'asukhis gatsema
robar (vt)	პარვა	p'arva
saber (~ algo mas)	ცოდნა	tsodna
salvar (vt)	გადარჩენა	gadarchena
secar (ropa, pelo)	შრობა	shroba
sentarse (vr)	დაჯდომა	dajdoma
sonreír (vi)	გაღიმება	gaghimeba
tener (anim.)	ყოლა	qola
tener (inanim.)	ქონა	kona
tener miedo	შიში	shishi
tener prisa	აჩქარება	achkareba
tener prisa	აჩქარება	achkareba
terminar (vt)	შეწყვეტა	shets'qvet'a
tirar, disparar (vi)	სროლა	srola
tomar (vt)	აღება	agheba
trabajar (vi)	მუშაობა	mushaoba
traducir (vt)	თარგმნა	targmna
tratar (de hacer algo)	ცდა	tsda
vender (vt)	გაყიდვა	gaqidva
ver (vt)	ხედვა	khedva
verificar (vt)	შემოწმება	shemots'meba
volar (pájaro, avión)	ფრენა	prena

www.ingramcontent.com/pod-product-compliance
Lightning Source LLC
Chambersburg PA
CBHW060030050426
42448CB00012B/2946
* 9 7 8 1 7 8 6 1 6 8 9 8 6 *